한국 정신보건서비스의 전개 과정

사회서비스의 관점에서

서울대학교 규장각한국학연구원 한국학모노그래프 69

한국 정신보건서비스의 전개 과정
사회서비스의 관점에서

펴낸곳 서울대학교출판문화원
펴낸이 오연천
지은이 강상경

초판 1쇄 인쇄 2013년 4월 25일
초판 1쇄 발행 2013년 4월 30일
출판등록 제15－3호

주소 151－742 서울 관악구 관악로 1
대표전화 02－880－5252 팩스 02－888－4148
마케팅팀(주문상담) 02－889－4424, 02－880－7995
이메일 snubook@snu.ac.kr
홈페이지 www.snupress.com
영문홈페이지 eng.snupress.com

ISBN 978－89－521－1429－7 94330
세트 978－89－521－1027－5

서울대학교 규장각한국학연구원 한국학모노그래프 69

한국 정신보건서비스의 전개 과정

사회서비스의 관점에서

강상경 지음

서울대학교출판문화원

Development of Mental Health Services in Korea

From the Perspectives of Social Services

Sang Kyoung Kahng

Seoul National University Press

머리말

사회서비스로서 정신보건서비스가 구체적인 관심을 받기 시작한 것은 1995년 정신보건법이 제정된 이후이다. 정신보건서비스는 정신보건법 제정 이전에도 있었지만 관련 연구의 부족으로 그 전개 과정에 관해서는 알려진 바가 적다. 정신보건법이 제정되고 시행된 지가 어언 20년이 가까워진다. 하지만 아직까지도 우리나라의 정신보건서비스가 어떻게 발전해왔는지, 그 현황은 어떠한지, 앞으로 발전방향은 어떠해야 하는지에 관한 연구는 부족하다. 온고이지신(溫故而知新)이라고 하였던가? 향후 정신보건서비스의 발전방향을 고민하기 위해서는 지금까지의 정신보건서비스의 전개 과정과 역사를 살펴보는 것이 필요하다. 이러한 점을 염두에 두고 이 책에서는 정신보건서비스 전개 과정을 정리하면서 현재 우리나라 정신보건서비스의 현황과 문제점을 구체적으로 살펴보고 앞으로의 발전방향에 대해서 고찰해보았다. 우리나라 정신보건서비스의 전개 과정에 대해 개인적으로 관심을 갖게 된 계기는 한국의 정신보건서비스 현황이 표면적으로는 외국과 유사하면서도 실제 작동구조에서는 상당한 차이가 있다는 점을 인식하면서부터이다. 정신보건법 제정 및 시행 이후 우리나라에서도 입원 위주 서비스에서 지역사회 정신보건서비스로 기본적인 패러다임이 변화하게 되었고, 정신보건센터, 사회복귀시설, 알코올 상담센터 등 지역사회 정신보건서비스 전달체계가 급속하게 확충되기 시작하였다. 하지만 지역사회 정신보건서비스로 패러다임이 전환한 이후에도 우리나라의 입원병상 수는 외국과 달리 계속 증가하여왔고 장기입원 현상도 지속되고 있다. 왜 우리나라에서는 지역사회 정신보건서비스로 전환한 이후에도 장기입원이 유지되고 입원병상 수가 계속 증가하고 있는가? 이러한 의문에 답하기 위해서는 우리나라 정신보건서비스 현황의 뿌리가 되는 정신보건서비스의 전개 과정을 분석해볼 필요가 있다고 판단하였다.

연구를 처음 시작할 때 넘치던 자신감은 자료수집의 한계와 접근성의 어려움 때문에 연구가 진행되면서 많이 떨어지기도 했다. 그렇지만 그동안 진행해오던 사회서비스 관련 연구와 학술대회 발표논문들이 사회서비스 관련 이론적 틀을 형성하고 연구를 계속할 수 있도록 많은 도움이 되었다. 그리고 그동안 진행해온 정신보건서비스 관련 연구들과 중앙정신보건사업지원단 위원으로 활동하면서 틈틈이 정리해두었던 정신보건서비스 관련 자료들도 본 연구를 완성하는 데 도움을 주었다.

연구를 진행하면서 물심양면으로 도움을 준 제자들이 있어서 이 연구가 가능하였다. 정신보건서비스의 역사적 전개 과정에 대한 자료 수집과 정리에 도움을 준 김병수 학생과 최종 자료정리 및 편집에 도움을 준 강의연구지원 조교인 김성용 학생에게 감사의 말을 전한다. 또한 연구진행 과정에서 항상 옆을 지키며 다방면의 지원을 아끼지 않는 아내 전해숙과 아들 강성민에게 감사의 마음을 전한다. 무엇보다도 서울대학교의 한국학 장기기초 연구비 지원으로 본 연구가 시작되었고 마지막까지 격려가 되었다는 점에서 감사드린다.

부족한 점이 많은 연구이지만 정신보건서비스의 역사적 전개 과정을 통합적으로 정리한 연구라는 점에 의의를 두고 싶다. 그리고 이 책이 독자들에게 우리나라 정신보건서비스 전개 과정과 현황을 쉽게 파악하고 이해하는 데 작은 도움이 되고, 정신보건서비스 발전에 조금이나마 기여할 수 있기를 바라는 마음이 간절하다. 이후에 더 발전된 연구를 통해서 본 연구의 미진한 부분을 보충해야겠다고 마음을 다시 잡아본다.

2013년 4월
관악산 기슭 연구실에서
저자 강상경

차례

표 차례

그림 차례

I. 연구의 필요성

공급자 중심의 전통적인 서비스 전달의 한계를 보완하고 이용자의 서비스 선택권을 증진하려는 취지에서 보건복지부를 비롯한 관련 정부부처에서 최근 '사회서비스'에 대한 관심이 고조되고 있다(보건복지가족부, 2008c; 기획예산처, 2008). 이러한 동향과 더불어 학계 및 일선 서비스 전달자들 사이에서 사회서비스에 대한 관심도 급속도로 증가하고 있다.

사회서비스의 개념은 학자들에 따라서 다르게 정의할 수 있지만 크게 광의의 사회서비스와 협의의 사회서비스로 나눌 수 있다(김용득 외, 2009). 광의의 사회서비스란 '인간의 모든 일상적인 삶의 질을 유지하는 데 필요한 전반적 욕구를 충족시키기 위해서 제공되는 서비스'로 정의할 수 있다. 이러한 광의의 사회서비스의 대상은 취약계층뿐 아니라 일반 국민을 모두 포함한다. 광의의 사회서비스의 목적은 취약계층의 삶의 질 유지 및 회복에 필요한 서비스뿐 아니라 일반 국민의 삶의 질 유지, 회복 및 증진을 위한 것이다. 그러므로 광의의 사회서비스에는 장애인, 노인 등의 취약계층의 삶의 질 증진을 위한 서비스로부터 전체 국민을 대상으로 하는 교육, 보건, 복지,

공공질서 및 안전 분야 관련 서비스까지 광범위한 영역을 포함한다.

이에 비해 협의의 사회서비스의 주 대상은 취약계층이다. 협의의 사회서비스의 목적은 국민 전체보다는 장애인, 노인, 아동, 이민자 등 특정 취약계층의 삶의 질 유지 및 회복에 초점을 두고 있다. 그러므로 협의의 사회서비스에는 취약계층의 삶의 질을 유지하는 데 필요한 특수한 욕구를 충족시키기 위해서 제공되는 제반 서비스가 포함된다.

이러한 관점에서 정신보건서비스 또한 사회서비스의 하나의 영역으로 간주하여 살펴볼 수 있다. 즉 광의의 정신보건서비스는 일반 국민의 정신건강의 증진 및 유지를 위해서 필요한 제반 서비스를 의미하는 반면, 협의의 정신보건서비스는 취약계층 특히 중증 정신장애가 있는 사람들의 정신건강 회복, 유지, 재활에 필요한 제반 서비스를 의미한다(강상경, 2009).

한편 현대사회로 오면서 정신건강의 중요성은 점차 증대되고 있다. 왜냐하면 경제적 성장을 통한 물질적 풍요가 반드시 삶의 질 향상과 연결되지 않고, 물질적으로 풍요한 사회에서 오히려 우울이나 자살 등의 정신건강 문제가 심각한 경우가 많기 때문이다. 따라서 시대의 변화에 따라 정신건강 증진을 위한 새로운 접근이나 패러다임의 전환이 꾸준히 이루어질 필요가 있다. 우리나라도 이러한 정신건강의 중요성이 증대되는 흐름에 맞추어 1995년에 정신보건법을 제정하였으며, 1997년에 정신보건법이 시행되면서 정신보건에 관한 정책 및 제도를 정비하고 현대적 의미의 정신보건서비스를 전달하기 위해서 노력하고 있다.

정신보건법 시행 이후 한국의 정신보건서비스는 정상화를 지향하는 지역사회 정신보건서비스로 전환되고 있다. 하지만, 여전히 높은 정신장애인 미등록률과 중증정신질환에 대한 높은 미개입률, 지역사회 정신보건 기관 및 인력 부족, OECD 국가 대비 높은 수준의 병상

수 및 입원치료율, 높은 수준의 장기재원기간, 높은 자살률과 알코올 남용, 의료중심 서비스의 높은 비중 등의 문제가 계속 나타나고 있다.

앞서 언급한 바와 같이 국민의 삶의 질 향상을 위해서는 물질적 풍요와 더불어 반드시 필요한 것이 정신건강의 증진이라고 할 수 있다. 그동안 우리나라 경제는 괄목할 만한 성장을 이루었지만, 중증정신장애인의 장기 입원, 인권문제, 사회적 위험요인들의 급증, 높은 자살률 등 정신건강 문제가 지속적으로 나타나고 있다. 그러므로 경제성장에 부응하는 정신건강 증진이 필요한 시점이다. 정신건강의 증진을 위해서는 먼저 우리나라 정신보건서비스의 전개 과정에 대한 이해를 바탕으로 정신보건서비스의 현황과 문제점을 정확하게 인식하는 것이 필요하다. 또한 이를 바탕으로 지속가능한 정신보건서비스 정책대안 및 발전방안을 확립하는 것도 중요하다. 하지만 우리나라의 정신보건서비스의 역사적 맥락을 이해할 수 있는 연구는 거의 없는 실정이다. 따라서 현재 정신보건서비스의 현황과 향후 전개 과정에 대한 기본적인 방향을 고찰하기 위해서는 지금까지 우리나라에서의 정신보건서비스 전개 과정을 고찰할 필요가 있다.

이러한 필요를 염두에 두고 이 책은 다음의 몇 가지 목적을 달성하고자 한다. 첫째, 사회서비스로서 정신보건서비스의 특성 이해를 위한 이론적 패러다임을 고찰하고자 한다. 둘째, 이러한 분석틀에 따라 한국의 정신보건서비스의 전개 과정을 고찰한다. 셋째, 한국의 정신보건서비스의 현황 및 문제점을 살펴본다. 넷째, 이를 바탕으로 한국의 정신보건서비스의 발전방향을 탐색한다.

이러한 목적을 달성하기 위해 본 연구는 각종 기록 및 통계자료에 대한 문헌연구를 통해서 구체적으로 다음의 내용들을 정리하고자 한다. 첫째, 사회서비스의 개념과 사회서비스의 정책 이해를 위한 이론적 패러다임, 그리고 사회서비스 정책의 국제적 동향 및 민영화의 개념 등을 살펴보고자 한다. 둘째, 한국의 정신보건서비스의 전개 과정을 사회서비스의 이론적 패러다임을 바탕으로 연대순으로 고찰하도록 한다. 셋째, 한국의 정신보건서비스 정책 및 정신보건 사회서비스 현황과 문제점을 살펴보며, 넷째, 이러한 논의를 바탕으로 향후 한국의 정신보건 사회서비스의 방향에 대해서 논하고자 한다.

II. 사회서비스 관점에서 정신보건서비스의 이해: 이론적 고찰과 분석틀

1. 사회서비스의 개념

우리나라에서 사회서비스에 대한 폭넓은 논의는 상대적으로 최근에 시작되었지만 그 내용을 보면 사실 새로운 개념은 아니다. 현재 한국에서 논의되고 있는 사회서비스의 개념들에서도 알 수 있듯이 그 개념은 논자에 따라서 다양하게 정의되는 것을 알 수 있다(김용득, 2008). 사회서비스에 대한 개념적 정의는 사회서비스의 대상을 어디까지 규정할 것인지의 범위와, 대상의 욕구수준을 얼마나 인정할 것인지의 이해 정도에 따라 크게 광의의 개념과 협의의 개념으로 나누어볼 수 있다.

사회서비스를 광의로 정의하는 논자들의 경우 사회서비스의 영역을 교육분야서비스, 사회복지분야서비스, 보건의료분야서비스, 공공질서 및 안전분야서비스 등 국민 생활의 다양한 측면과 관련된 제반 서비스 영역을 포함하고 있다(기획예산처, 2007). 이를 욕구적인 측면에서 살펴보면, 국민의 일상적인 삶의 질을 유지하는 데 필요한 전반적인 욕구를 포함한다. 즉 현대사회에서 일정 정도의 삶의 질을 유지하려면 적절한 교육수준을 통한 직업의 성취에 대한 욕구와, 이러한 기본적인 생활을 유지하는 데 필요한 건강수준의 유지에 대한 욕구충족이 필수적이다. 또한 범죄 또는 전쟁으로부터 삶의 질을 침해받고 싶지 않은 안전의 욕구도 충족이 되어야 기본적인 삶의 질을 유지할 수 있다. 그리고 장애, 실직 등의 위기 상황으로 인해 기본적인 삶의 질 유지가 일상생활에서 보장되지 못할 때, 즉 일상적 욕구를 개인적으로 해결하지 못하는 위기 상황일 때에는 그 부족한 부분을 채워줄 수 있는 사회복지에 대한 욕구도 충족되어야만 기본적인 삶의 질이 유지될 수 있는 것이다. 좀 더 넓은 의미로는 현대사회를 살아가는 사람들은 삶의 질 향상을 위한 적절한 사회적 관계에 대한 욕구 또한 일반적으로 가지고 있다. 결국 광의의 사회서비스 개념을 욕구 측면에서 정의하면, 특정 사회에서 국민의 삶의 질 유지를 위해 필요한 제반 욕구 충족에 기여하는 모든 서비스들의 총체로 정의할 수 있다.

이에 비해서 협의의 사회서비스는 일반인 전체에 대한 서비스 제공이라기보다는 사회적 기능이 취약해서 삶의 질 유지에 제약이 있는 개인 혹은 가족에게, 취약한 기능을 보조하거나 재활을 위해 제공되는 제반 서비스를 일컫는다(강혜규, 2007). 이러한 협의의 측면에서의 사회서비스는 취약계층에 대한 삶의 질 유지 및 재활을 위해서 필요한 의료, 고용, 주거 등의 제반 서비스를 포함한다.

지금까지의 논의를 바탕으로 광의의 사회서비스 개념을 정의하면, 일반 국민의 삶의 질 유지와 관계되는 다양한 욕구를 충족시키기 위해 제공되는 제반 서비스를 의미한다. 한편 협의의 사회서비스는 취약계층의 삶의 질 유지와 재활을 위해서 제공되는 제반 서비스라고 할 수 있다.

사회서비스의 구체적인 전달방식은 국가의 정책에 따라 다르게 나타난다. 즉 보편적 욕구를 공공에서 부담하는 사민주의 복지국가에서는 대부분의 사회서비스 욕구를 공공 분야에서 충족시키는 반면, 잔여적 복지국가에서는 대부분의 욕구는 민간에서 담당하고 일부 취약계층의 사회서비스 욕구에 대해서만 주로 공공에서 담당한다. 이렇듯 한 나라의 사회서비스 특성을 이해하기 위해서는 사회서비스 제공 과정에서 공공과 민간의 역할 비중이 어느 정도인지를 이해하는 것이 필요하다. 예를 들어 사회서비스의 생산 및 전달에 필요한 재원, 인력, 공급기관들의 민간과 공공의 비율이 어떠한지에 따라 사회서비스 성격이 다르다고 볼 수 있다. 즉 재원, 인력, 공급기관의 공공비율이 높을수록 제도적 혹은 보편적 사회서비스 성격이 강하고 민간비율이 높을수록 잔여적 혹은 선별적 사회서비스 성격이 강하다고 볼 수 있다.

공공과 민간의 비율은 한 국가의 사회경제적 특성이나 시대적 상황에 따라서 변한다. 시장에만 의존하던 의료서비스의 상당부분이 국민건강보험이나 의료급여와 같은 사회보장제도가 도입된 후 공공부분의 비율이 늘어난다. 즉 의료서비스의 특성이 시대별로 동일한 것이 아니라 변해온 것처럼, 우리나라의 정신보건서비스의 전개 과정에서도 시대별로 재원, 인력, 공급기관 등에서 공공과 민간의 비율이 어느 정도 차이가 있다.

잔여적 복지국가인 우리나라에서 현재 추진 중인 사회서비스는 협의의 사회서비스 영역에 관한 것이 대부분이며, 한국의 전통적인 정신보건서비스 분야도 중증 정신장애인을 대상으로 하는 정신보건서비스가 주를 이루어왔다. 하지만 전반적으로는 잔여적 특성을 보여주지만, 역사적 전개 과정에서 특정 법이나 정책의 도입에 따라 공공 및 민간 부분의 비율이 시대별로 변화하는 경향이 나타난다. 이러한 점을 고려할 때, 우리나라 정신보건서비스 전개 과정을 살펴보기 위해서는 먼저 시대별 특성을 이해하기 위한 이론적 패러다임이 필요하다. 특히 본 연구에서는 사회서비스 정책 이해를 위한 분석틀을 통해서 정신보건서비스 특성을 이해하고자 한다. 이러한 목적에서 먼저 사회서비스 정책을 위한 이론적 패러다임을 살펴볼 필요가 있다.

2. 사회서비스 정책 이해를 위한 분석틀

이 부분에서는 우리나라 정신보건서비스의 역사적 전개 및 각 시대의 특성을 이해하기 위해서 필요하다고 생각되는 사회서비스 정책 특성 및 요인을 정리하고자 한다. 사회서비스 정책이란 사회서비스의 범주를 어떻게 설정하고, 구체적인 서비스의 전달을 어떻게 할 것인가에 대해 한 국가의 거시적인 방향이 구체화되어 나타난 것으로 이해할 수 있다. 국가별로 또는 시대별로 사회서비스의 범주나 구체적인 서비스 전달방식이 다르게 나타나므로 국가나 시대에 따라서 사회서비스 정책은 차이가 있지만, 일반적으로 '제도적 사회복지정책'과 '잔여적 사회복지정책'을 양극으로 하는 연속선상에서 이해할 수 있다(Wilensky와 Lebeaux, 1965; 1998).

사회서비스 정책을 결정하는 기본요소는 여러 가지가 있을 수 있으나 여기서는 ① 재원과 서비스 생산 및 전달에 있어서 공공·민간부문의 역할 정도(Barr, 2004; 이인희, 2004)와 ② 사회서비스 대상의 욕구 수준의 두 요소로 나누어 사회서비스 정책을 살펴보려고 한다. 정신보건서비스 측면에서 재원은 정신보건서비스를 위한 재원의 공공 및 민간 비율에 관한 것을 의미하고, 서비스 생산 및 전달이란 정신보건서비스 공급기관(또는 인력)의 공공 및 민간 비율에 관한 것을 뜻한다. 다시 말하면 재원과 생산 및 공급에 있어서 공공 비율이 높을수록 제도적 성격이 강하다고 볼 수 있다. 정신보건서비스 측면에서 서비스 대상의 욕구수준은 정신보건서비스를 이용하는 대상의 욕구 정도에 대한 것으로, 중증 정신장애에 대한 서비스일 때는 잔여적 성격이 강하고, 일반 국민의 정신건강 예방과 증진에 대한 서비스를 많이 포함할수록 제도적 성격이 강하다고 볼 수 있다.

1) 재원과 공급체계의 공공·민간 부문의 정도에 따른 사회서비스 정책 이해

한 나라의 사회서비스 정책을 결정하는 첫째 요소는 사회서비스 생산 및 전달에 필요한 재원과 서비스의 공급주체에 있어서 공공부문의 비율과 민간부문의 비율이라고 할 수 있다. 이때, 각 비율의 수준에 따라서 사회서비스 정책의 특징을 결정할 수 있다(Barr, 2004). 이를 재원 및 생산·공급에 있어서의 공급주체의 성격에 따라 도식화하면 〈그림 II－1〉과 같다(강상경, 2008a).

〈그림 II－1〉은 사회서비스 정책을 결정하는 요인을 사회서비스 생산·공급에 필요한 재원을 공공에서 담당하는지 또는 민간에서 담당하는지에 대한 '재원'의 차원과 사회서비스의 생산과 공급을 공

그림 II－1. 제도적 vs. 잔여적 사회서비스 정책의 결정요인

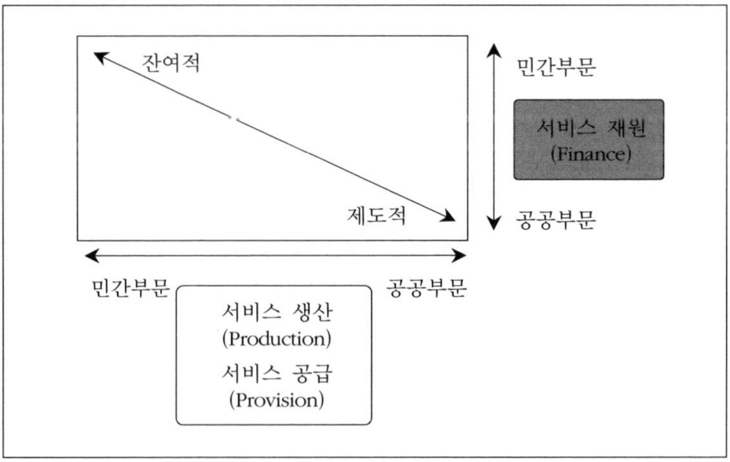

공에서 담당하는지 민간에서 담당하는지에 대한 '생산과 공급의 담당주체'의 성격의 두 차원으로 나누어서 살펴보고 있다. 〈그림 II-1〉에 나타난 것처럼 사회서비스 생산과 공급에 있어서 소요되는 예산을 공공부문에서 담당하는 비율이 민간부문에서 담당하는 비율보다 높을수록 사회서비스 정책은 제도적인 성격을 띤다고 할 수 있다. 생산과 공급의 담당주체란 일반적으로 공급기관과 공급기관에 종사하는 인력을 의미하는데, 비슷한 맥락에서 사회서비스 생산과 공급을 공공부문에서 담당하는 비율이 높을수록 제도적인 사회서비스 정책이라고 할 수 있다.

이러한 사회서비스 정책 결정요인의 이론적 패러다임에 의하면, 한 나라나 특정 시대의 정신보건서비스의 특성 또한 정신건강 예방, 치료, 증진을 위해서 필요한 재원과 정신보건서비스 공급기관 및 인력의 공공부문 비율과 민간부문 비율의 구성에 따라서 결정된다고 볼 수 있다. 즉 정신보건서비스에서 공공부문의 비율이 높을수록 제도적 성격이 강하고, 민간부문의 비율이 높을수록 잔여적 성격이 강하다고 볼 수 있다. 이 책에서는 한국 정신보건의 역사적 전개 과정을 살펴보기 위해서 시대별로 재원 및 인력과 공급기관에서 공공 및 민간 부문의 비율이 어떻게 나타나는지 고찰하고, 이를 우리나라 정신보건서비스의 역사적 전개 과정을 이해하는 기준으로 보려고 한다.

2) 사회서비스 대상 욕구 수준

위에서 살펴본 것처럼 사회서비스의 공공·민영의 비율은 주로 한 나라의 복지국가의 성격과 연관이 있는데, 복지국가의 성격 및 이에 따른 사회서비스 대상 범주를 이해하기 위해서는 복지국가의 등장 배경에 대해서 간략하게 논의할 필요가 있다. 주지하는 바와 같이 산업혁명 이후 시장경제 논리에 바탕을 둔 자본주의가 등장하게 되는데, 순수 자본주의 사회에서는 현대 복지국가에서 제공되는 것과 유사한 '제반 사회서비스'도 시장이나 가족 등의 민간 분야에서 담당하는 것이 원칙이었다.

하지만 자본주의 시장경제의 논리나 비공식 집단 안에서만 해결되기에는 한계가 있는 사회적 위험들이 등장하게 되고, 이러한 자본주의의 모순을 해결하기 위해서 복지국가가 등장하게 된다. 복지국가의 형태는 모두 동일하게 발전한 것이 아니라 각 나라의 경제·사회·문화적 상황 및 국민의 가치관에 따라 다양하게 발전한다. 스웨덴을 비롯한 북유럽의 국가들은 사회적 위험에 대해 전 국민을 대상으로 하는 보편적 복지제도를 통해 공공부문에서 대처해온 반면, 미국은 사회적 위험에 대처하는 방안으로 위험집단군(취약계층)에 대해서는 복지제도를 통해 공공부문에서 서비스를 공급하고 그 재원을 담당한 반면 일반 국민들은 시장체계를 통해 민간부문에서 서비스를 제공받는다.

이렇듯 공공부문 및 민간부문의 비율은 국가별로 다르게 발전되어왔으므로 복지국가의 유형을 살펴보는 것은 국가별, 특정 시대별로 사회서비스 정책의 특징을 이해하는 데 도움이 된다. 윌렌스키와 르보(Wilensky & Lebeaux, 1965; 1998), 티트머스(Titmuss, 1974), 미쉬라(Mishra, 1984; 1990; 1999), 에스핑-안데르센(Esping-Andersen, 1990; 1999) 등의 일련의 학자들이 복지국가의 성격이나 유형 분류를 시도한 것도 이러한 분류가 각국의 사회서비스 정책을 이해하는 데 유용한 패러다임을 제공하기 때문이다. 이들 학자들은 다양한 형태로 복지국가의 유형을 분류했지만 여기서는 윌렌스키와 르보의 제도적·잔여적 복지국가의 분류에 따라서 논의하고자 한다.

복지국가의 유형은 공공부문에서 담당하는 사회서비스의 대상을 선별적으로 보느냐 보편적으로 보느냐에 따라서 결정된다. 즉 공공부문이 책임져야 할 국민들의 사회서비스 욕구수준에 대해 일반인을 모두 포함할 것인지 아니면 특수한 욕구가 있는 취약계층만을 선별적으로 포함할 것인지에 따라서 복지국가의 유형이 결정되는 것이다. 먼저 잔여적 복지국가의 경우 사회서비스 대상을 취약계층으로 한정하기 때문에 공공부문에서 담당하는 사회서비스의 부문은 취약계층을 위한 서비스에 국한하고, 나머지 일반인의 사회서비스 욕구 해결은 민간부문에 맡겨둔다.

한편 제도적 복지국가의 경우 취약계층뿐만 아니라 일반 국민 모두를 사회서비스의 대상으로 이해하기 때문에 취약계층 지원이나 재활 관련 서비스뿐만 아니라, 일반 국민의 삶의 질 유지에 필요하다고 생각되는 모든 제반 서비스를 사회서비스로 이해하고 있다. 이러한 욕구수준별 사회서비스의 대상범주 및 공공-민간 영역의 역할 수준에 따른 사회서비스 정책의 특징을 〈그림 II-2〉와 같이 도식화하여 나타낼 수 있다(강상경, 2008a).

먼저 공공영역에서 담당하는 욕구수준 및 사회서비스 대상범주에

그림 II-2. 선별적 vs. 보편적 사회서비스 정책의 도식적 이해

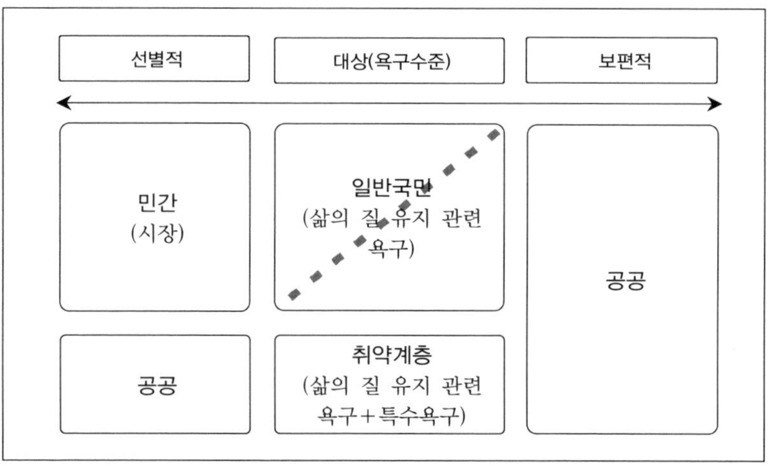

따라서 사회서비스 정책을 살펴보면, 공공에서 담당하는 사회서비스 대상을 취약계층의 특수욕구로 국한하고 취약계층 이외의 사람들의 사회서비스 욕구는 민간에서 담당하는 성향이 강할수록 선별적 사회서비스 정책이라고 할 수 있다. 이와 반대로 취약계층의 특수한 욕구는 물론 일반 국민의 삶의 질 유지와 관련된 욕구까지도 공공부문에서 담당하는 성향이 강할수록 보편적 사회서비스 정책이라고 할 수 있다.

한편 특정 분야에서 공공부문이 책임지는 욕구수준은 국가별로도 차이가 있지만, 한 국가 내에서도 시대에 따라 다르게 나타날 수 있다. 만성질환이 있는 사람들만을 대상으로 하는 것이 아니라 전 국민을 대상으로 하는 국민건강보험이나 의료급여제도의 시행은 시장에 맡겨두었던 의료서비스의 공공성을 인식하고 이를 증진한 대표적인 예라고 할 수 있다. 정신보건영역에서도 이러한 시대적 변화의 예를 찾아볼 수 있다. 예컨대 정신보건법의 제정 및 시행에 따른 지역사회 정신보건서비스 전달체계의 확립은 그 이전에 민간이 담당하던 정신보건서비스의 상당부분을 공공에서 담당하게 된 계기로 볼 수 있다.

3. 선발 복지국가의 사회서비스 동향 및 민영화

1) 선발 복지국가의 사회서비스 동향

1980년대 이후 선발 복지국가들에서 나타난 사회서비스 정책의 동향은 한 마디로 요약하면 '민영화'라고 볼 수 있다. 〈그림 II-2〉에서 요약된 것처럼 잔여적 유형의 선발 복지국가이건 제도적 유형의 선발 복지국가이건 상관없이, 사회서비스 정책에서 많건 적건 간에 공공부분이 담당하는 영역이 있다. 하지만 재정압박과 공공영역의 서비스 전달상에서의 비효율성 문제가 대두됨으로써 전통적인 사회서비스 정책의 개선에 대한 필요성이 제기되고 그 해결책으로 기존에 공공영역에서 담당하던 사회서비스에 대한 개혁이 진행된다. 최근 진행되어온 선발 복지국가들에서 사회서비스 정책 및 전달체계에 있어서 민영화의 동향은 크게 ① 공공영역에서 담당해야 하는 대상이나 사회서비스 범주의 적절성에 대한 재검토와 ② 기존의 사회복지정책에서 공공영역에서 담당하던 사회서비스 재원과 생산·공급의 일부 또는 전부를 민간영역에서 담당했을 때 어느 것이 더 효율적인가에 관한 재검토의 결과로 이해할 수 있다.

민영화는 모든 나라에서 동일하게 논의될 수 있는 것이 아니라 한 나라의 사회복지제도 형성의 역사성과 사회복지 실천의 상황 및 국민들의 가치관이나 의식 등 여러 요소를 총체적으로 고려한 상태에서 이해되어야 한다(조택, 1997). 즉 제도적 복지국가에서의 민영화 논의와 잔여적 복지국가에서 진행되는 민영화 논의는 그 수준과 내용이 다를 수 있다. 잔여적 복지국가에서의 민영화 동향과 제도적 복지국가에서의 민영화 동향의 공통점과 차이점을 살펴보면 다음과 같다.

잔여적 복지국가에서는 〈그림 II-2〉에서 취약계층에 대한 사회서비스 공급을 담당하는 공공영역에서의 서비스 전달 효율성을 제고하기 위한 민영화가 주를 이룬다. 먼저 공공에서 담당해야 하는 취약계층의 범주를 살펴보면, 복지개혁(welfare reform) 이전에는 미국과 같은 잔여적 복지국가에서 특수욕구가 있는 불법이민자는 공공영역에서 제공하는 사회서비스의 대상이 되었다. 그러나 현재는 특수욕구가 있는 불법이민자에 대한 공공영역에서의 사회서비스 지원은 많은 제약이 가해졌다. 즉 취약계층의 범주가 줄어들면서 기존의 공공영역에서 해결되던 일부 취약계층의 욕구가 민간부문으로 이전되었다. 또한 복지개혁 이전에는 취약계층의 사회서비스 욕구에 대한 서비스 재정과 생산·공급의 거의 모든 부분을 공공영역에서 담당하였다. 하지만 현재는 재원의 경우 공공영역에서 대부분 담당하되 서비스의 생산·공급에 대해서는 서비스 전달체계의 상당부분을 민간영역에서 담당하는 구도로 바뀌게 되었다(Sanger, 2003). 예를 들어 복지개혁 이전에는 정신장애인의 지역사회 정신보건서비스는 대부분 지방(county)정부에서 직영하는 지역사회 정신보건센터에서 제공이 되었다. 그러나 현재는 지방정부가 직영하던 상당수의 지역사회 정신보건센터가 민영화되고 정신보건서비스의 전달은 지방정부와 계약을 맺은 민간 서비스 공급자들에 의해서 이루어진다.

전통적인 제도적 복지국가에서는 공공에서 제공하는 사회서비스의 대상이 전 국민이고 공공에서 제공하는 서비스의 종류도 의료, 보건, 주택, 교육 등 다양하였기 때문에 〈그림 II-2〉에서의 오른쪽 부분처럼 공공영역의 비율이 상당히 높았다. 즉 잔여적 복지국가에 비해 공공영역의 비율이 높았기 때문에 민영화의 범위나 내용도 잔여적 복지국가와 차이가 나는 것이다. 우선 잔여적 복지국가와의 공통점으로는 서비스 전달의 효율성을 높이기 위해서 서비스의 재원 및 생산·공급의 일부를 민영화한 점을 들 수 있다. 나라별로 차이가 있지만 기존의 사회서비스의 대상이던 외국인이나 불법이민자를 보편적 사회서비스 대상자 범주에서 제외하는 경향, 즉 선별주의 경향이 강해져서 공공영역 서비스 대상자의 범주가 축소되는 경향을 보이고 있다.

그러나 제도적 복지국가에서 공공영역이 담당하던 대상 및 서비스의 범주는 잔여적 복지국가의 그것들과는 근본적으로 차이가 있으며, 따라서 민영화의 경험도 차이가 나타난다. 즉 제도적 복지국가에서 진행되는 민영화 논의는 과연 기존처럼 공공영역에서 일반인과 취약계층 모두를 위한 사회서비스의 전부를 담당하는 것이 효율적인가에 대한 판단과 만약 비효율적이라면 어느 영역의 서비스를 얼마나 민영화하는 것이 효율적인가에 대한 논의가 중심을 이룬다. 이러한 논의 경향은 일반인에 대한 모든 사회서비스 분야를 공공영역에서 책임지지 못하고 사회복지지출 수준이 전반적으로 미약한 잔여적 복지국가에서는 나타나지 못하는 것이다.

2) 민영화의 이해

우리나라에서 최근 사회서비스에 대한 관심이 고조되면서 선발 복지국가에서 나타나는 사회서비스 분야의 최근 동향인 '민영화'라는 용어가 정부, 실무자 및 학계에서도 자주 사용되고 있다. 간혹 사회서비스 정책이 강화되는 것과 민영화가 강화되는 것을 혼동해서 사용하는 경우가 있는데, 이러한 인지적 오류를 불식시키기 위해서 민영화의 개념에 대해서 살펴볼 필요가 있다. 여기서는 논의의 편의를 위해서 (1) 사회서비스 정책과 민영화, (2) 시장화와 민영화, (3) 민영화의 유형을 고찰하면서 민영화의 개념을 살펴보도록 한다.

(1) 사회서비스 정책과 민영화

위에서 살펴본 것처럼 '사회서비스 정책'이란 ① 사회서비스의 대상을 보편적 욕구(일반국민)로 할 것인가 선별적 욕구(취약계층)로 할 것인가에 대한 것과 ② 재원과 서비스의 생산·공급을 얼마만큼 공공영역에서 담당하고 얼마만큼을 민간영역에서 담당할 것인가와 관련된 정책이라고 개념화할 수 있다. 이에 비해 '민영화'란 사회서비스 정책의 변화와 정책변화에 따르는 서비스 공급상의 변화와 관련된 수단적인 개념이라고 할 수 있다. 이러한 맥락에서는 사회서비스 정책상의 변화와 관련된 수단으로 민영화뿐 아니라 '공영화'도 사회서비스 정책과 관련해서 중요한 개념이라고 할 수 있다.

사회서비스 정책과 관련해서 민영화는 공영화의 상대적 개념으로 ① 공공영역의 서비스 대상을 민간영역으로 전환하는 것과(예: 불법이민자에 대한 사회서비스를 공공영역에서 담당하다가 공공영역에서 제외하는 경우) ② 공공영역에서 부담하던 사회서비스의 재원과 서비스 생산·공급의 일부 또는 전부를 민간영역으로 전환하는 것을 포함하는 개념이다. 같은 맥락에서 '공영화'는 민간영역의 사회서비스 대상을 공공영역으로 전환하는 것과 민간에서 담당하던 재원이나 서비스 생산·공급의 일부 또는 전부를 공공영역으로 전환하는 것을 포함하는 것으로 개념화할 수 있다.

요약하면 사회서비스 정책과 민영화는 동질의 개념이 아니고 민영화란 공영화의 상대적 개념으로 사회서비스 정책의 효율성을 달성하기 위한 수단적 개념으로 이해해야 한다. 이러한 맥락에서 사회서비스의 공공영역상에서 비효율성이 나타날 경우는 민영화가 개선을 위한 수단이 될 수도 있고, 반대로 민간영역에서 비효율성이 나타날 경우 공영화가 사회서비스 정책을 개선하기 위한 수단이 될 수도 있다. 현재 한국의 바우처 형식의 사회서비스 전달에서 본인부담금이 등장한 것은 재원이 거의 모두 공공에서 지원되던 전통적 사회복지서비스에 비해서 바우처 형식의 사회서비스 사업이 재원조달 면에서 일정 정도 민영화된 것으로 볼 수 있다. 또한 공급자의 경우 비영리 단체 위주에서 영리단체의 참가를 허용하고 있다는 점은 서비스 제공에 있어서도 민영화가 진행되고 있다고 이해할 수 있다.

(2) 시장화와 민영화

사회서비스에 대한 관심의 고조와 함께 민영화 못지않게 자주 사용되고 관심을 받는 용어가 '시장화'이다. 간혹 시장화라는 용어가 민영화라는 용어와 동일하게 사용되는 경향이 있는데, 시장화와 민영화의 개념은 차별화되어야 하고, 시장화는 민영화의 하위 개념으로 이해될 수 있다. 위에서 살펴본 것처럼 민영화는 ① 공공영역의 서비스 대상을 민간영역으로 전환하는 것과 ② 공공영역에서 부담하던 사회서비스의 재원과 서비스 생산·공급의 일부 또는 전부를 민간영역으로 전환하는 것을 포함하는 개념이다. 반면 '시장화'란 사회서비스 재원과 생산·공급을 공공영역에서는 관여하지 않고 전체적인 것을 시장기제(mechanism)에 맡겨두는 것이라고 정의할 수 있다. 이러한 맥락에서 민영화가 재원과 생산·공급의 일부 또는 전부를 민간영역에 맡기는 것을 모두 포괄하는 개념이라면 시장화란 민영화의 하위 개념으로 다양한 민영화의 방법 중 재원과 생산·공급의 전부를 민간영역으로 전환하는 것을 이르는 것으로 개념화할 수 있다.

수요 및 이윤 창출이 될 수 있는 분야는 재원과 생산·공급의 전부를 민영화해도 사회에 기본적인 수요가 있으므로 공급자가 나타나서 시장기제를 도입할 수 있는 가능성이 있다. 사회서비스의 경우도 특정 분야의 경우 민영화를 통한 시장화가 가능한 부분이 있을 수도 있다. 제도적 복지국가에서 공공영역에서 시행해오던 교육서비스처럼 일반 국민의 삶의 질 향상을 위한 욕구와 관련된 사회서비스 분야의 경우 재원 및 생산·공급의 전부를 민간영역에 맡겨도 사립교육기관이 등장해서 교육서비스를 제공하게 되므로 민영화를 통한 교육서비스의 시장화는 성공할 확률이 높다.

하지만 사회서비스 분야 특히 취약계층을 대상으로 하는 사회서비스 분야는 재원 및 공급의 전부를 민간영역에 맡기는 민영화가 반드시 시장화의 성공을 가져오지 못하게 되는 어려운 부분이 많다. 그 이유는 취약계층의 경우 사회서비스에 대한 욕구는 있어도 구매력이 없을 수 있고(수요 측면), 사회복지 분야가 이윤을 창출할 수 있는 부분이 취약하기 때문에 민간 공급자들이 형성되지 않을 가능성이 높다(공급 측면). 이러한 이유로 선발 복지국가에서 도입한 취약계층에 대한 사회서비스 영역의 민영화는 재원 및 생산·공급 전부에 대한 민영화가 아니라 일부에 대한 민영화가 대부분이다. 예를 들어 미국에서 중증 정신장애인을 대상으로 하는 정신보건서비스 분야에서는 기존에 지방정부에서 직영하던 정신보건센터(재원 및 생산·공급의 전부를 공공에서 담당)들 중에서 일부를 민영화해서 재정은 지방정부에서 지원하고 계약을 통해서 생산·공급은 민간영역에 맡기는 형태를 취하였다(즉, 재원은 공공에서 담당하고, 생산·공급은 민간에서 담당).

요약하면 시장화와 민영화는 같은 개념이 아니라 시장화는 민영화의 하위 개념으로 이해할 수 있다. 사회서비스의 시장화가 재원 및 생산·공급의 전부를 민간영역에 맡기는 것이라면, 민영화는 재원 및 생산·공급의 일부 또는 전부를 민간영역에 맡기는 것으로 이해할 수 있다. 민영화의 형태는 크게 ① 재원과 공급의 전부를 민간에서 해결하도록 하는 형태, ② 재원은 공공이 담당하고 생산·공급은 민간에서 담당하는 형태, ③ 재원은 민간이 담당하고 생산·공급은 공공에서 담당하는 형태의 세 가지로 나누어볼 수 있다(Barr, 2004; 이인희, 2004; 조택, 1997). 시장화는 민영화의 가장 극단적인 형태인 ①의 형태를 지칭하는 것이므로 시장화는 민영화의 다양한 형태 중의 하나라고 할 수 있다. 현재 우리나라에서 진행되고 있는 바우처 형식의 사회서비스 사업에는 기존의 비영리 공급자뿐 아니라 영리를 추구하는 민간공급자의 잠가를 허용하고 있고, 공급자 위수의 지원이 아니라 소비자 위주의 지원을 하고 있다는 점에서 사회서비스 전달 과정에서 시장원리를 일정 정도 도입하여 시장화를 통한 소비자 선택권과 공급자 간의 경쟁을 유도하여 기존 복지서비스 전달의 한계를 극복하려는 의도가 있는 것이다.

3) 민영화의 유형

공영 부문이 없이는 민영화할 부문도 없는 것이므로 민영화는 공영화를 전제조건으로 한다(곽효문, 2002). 재원이나 서비스 생산·공급의 일부 또는 전부를 민간에 이양하는 민영화의 구체적인 유형은 다양하다. ① 공공부문을 민간에 매각하는 유형(asset sale), ② 민간영역의 공급주체와의 계약(contract out), ③ 규제완화(deregulation), ④ 민간부문에 독점면허를 주는 것(franchise), ⑤ 보조금이나 세금감면(grants & subsidies), ⑥ 민간영역으로부터의 기증(private donation), ⑦ 공공부문과 민간부분의 동반관계(public-private partnerships), ⑧ 공공영역이 제공하던 서비스를 줄이거나 멈춤으로써 민간영역의 참여를 유도하는 것(service shedding), ⑨ 민간영역의 자원봉사자를 이용하는 것(volunteerism), ⑩ 개인이 시장에서 특정 서비스를 이용할 수 있게 교환증서를 제공하는 것(vouchers) 등이 있다.

복지개혁 과정에서 미국의 사회서비스 분야에서 나타난 민영화 유형을 살펴보면 계약(contract out)이 약 80%로 가장 높은 비율을 차지하였고, 다음으로 보조금이나 세금감면(grants & subsidies)이 약 5.7%를 차지하였다. 그리고 민간과 공공의 동반관계(public-private partnership)가 약 4.3%를 차지하였고, 나머지 유형은 모두 2% 미만의 비율을 차지하여, 계약에 의한 민영화 형태가 가장 큰 비중을 차지하였다(Chi, Arnold, & Perkins, 2003).

4. 한국 사회서비스의 특징 · 현황 · 문제점 및 동향

한국의 사회서비스 특성은 선발 복지국가의 사회서비스 특성과는 많이 다르다. 선발 복지국가가 공공부문의 확대에 따른 비효율을 해결하고자 민영화의 길을 걷고 있는 반면, 한국과 같은 후발 복지국가는 공공부문이 상대적으로 비중이 낮으므로 오히려 공공부문의 비중을 늘여가야 하는 부분이 더 많다.

우리나라의 정신보건 사회서비스의 전망을 논하기 위해서는 한국

사회서비스의 현황과 특징을 살펴보고, 그 안에서 정신보건 사회서비스의 현황과 특징을 살펴보면서 문제점이 무엇인가를 파악하는 것이 필요하다. 그러므로 이 부분에서는 한국의 사회서비스의 현황과 특성을 살펴본 다음에 정신보건 사회서비스의 현황과 특징을 살펴보도록 하겠다.

1) 한국 사회서비스의 특징

한국의 사회서비스가 제도적(institutional)이라기보다는 잔여적(residual)이라고 하는 데는 이견이 별로 없으리라고 생각한다. 대표적으로 한국의 낮은 GDP 대비 사회지출 수준을 통해 잔여적 정책 수준을 비교할 수 있다. 한 나라의 사회서비스 영역이 제도적이냐 잔여적이냐를 판단하는 데 GDP 대비 총 사회지출 비율이 하나의 지표가 될 수 있다. 즉 GDP 대비 사회지출 비율이 높은 국가일수록 제도적 성격이 강하다. 국민소득 15,000달러(USD) 시점에서 OECD 국가들의 GDP 대비 사회지출 비율을 살펴보면, 한국은 OECD 국가 중에서도 가장 낮은 수준이다. 사민주의 국가의 대표적 사례인 스웨덴의 경우 1981년인 국민소득 15,000달러(USD) 시대에 전체 GDP의 약 30% 정도의 사회적 지출이 있었고, 잔여적 자유주의 복지국가의 대표적 사례인 미국도 국민소득 15,000달러(USD) 시대인 1983년에 전체 GDP의 약 14%가량의 사회적 지출이 있었다(OECD, 2004). 하지만 15,000달러(USD) 시대인 2006년의 한국의 사회지출 비율은 전체 GDP의 약 7% 정도였다(한국조세연구원, 2007). 이는 미국보다도 낮은 수준이어서 한국에서는 공공부문에 의한 보편적 사회서비스 실천보다는 취약계층 위주의 선별적이고 잔여적 수준의 사회서비스가 이루어지고 있다고 할 수 있다. 물론 현재 진행되는 바우처 사업과 같은 사회서비스는 전통적 복지서비스 대상인 취약계층에서 범위를 확장하여 차상위 계층이나 일반인들에게까지 서비스를 확대하려는 시도를 하고 있다는 점에서 선별적 접근에서 보편적 접근으로 변화를 모색하고 있다고 볼 수 있다.

한국의 사회서비스가 보편적이라기보다는 취약계층을 위주로 한 선별적 수준에서 수행되고 있다는 것은 잔여적 복지국가인 미국의 공공부문 비율과 한국의 공공부문 비율을 살펴보는 것으로도 알 수 있다. 상당 부분이 민영화된 2005년 현재 미국의 국공립 병원의 수는 총 5,756개 중에서 1,326개로 약 23%를 차지하였고, 민간 병원 수는 4,430개로 전체 병원 수의 약 77%를 차지하였다(American Health Association, 2006). 국공립 병원의 역할은 역학조사나 전염병 등에 대한 연구뿐 아니라 보건·의료서비스의 구매에서 시장에서 소외될 수 있는 사회적 취약계층에 대한 보건의료서비스를 전달하는 것이 중요한 역할 중의 하나이다. 이를 고려할 때, 잔여적 사회서비스 정책의 대표주자인 미국에서도 20% 이상의 부분을 공공에서 담당하면서 취약계층에 대한 서비스 제공에 노력하고 있다는 것을 알 수 있다. 한국 병원의 공공과 민영의 비율은 2001년 현재 총 515개의 병원 중에서 455개인 88%가 민영이었고, 12%에 해당하는 60개의 병원만 공영이었는데(한국보건산업진흥원, 2001), 이는 미국의 공공병원 비율인 23%의 약 절반 수준에 해당하는 것으로 한국의 사회서비스 정책이 미국보다도 더 잔여적인 것을 보여주는 증거다. 정신병원의 경우도 비슷한 비율이다(한국보건산업진흥원, 2001). 이러한 자료들은 한국의 사회서비스뿐 아니라 정신보건서비스도 잔여적 특성을 지니고 있다는 점을 시사한다.

2) 한국 사회서비스의 현황

한국의 사회서비스가 잔여적이기는 하지만 〈표 II-1〉에 정리된 것처럼 사회서비스의 주요내용은 2007년 기준으로 교육 분야, 사회복지 분야, 보건의료 분야, 공공질서 및 안전 분야에 걸쳐서 다양

표 II-1. 우리나라 사회서비스의 주요내용

분야	서비스 항목	주요서비스 내용(예시)
교육 분야	유아·초중등 교육	유아교육지원, 소외계층 방과후 학교, 장애아 교육기회 제고, 사이버 가정학습체계 구축
	평생·직업교육	전문대 특성화, 전문대생 근로장학금 프로그램 운영 지원, 평생교육 인프라 구축, 외국인 유학생 유치
사회복지 분야	기초생활보장	생계급여, 의료급여, 자활지원
	취약계층지원	노인일자리 제공, 노인시설 확충, 독거노인도우미, 방문건강관리시스템, 고령자 뉴스타트 프로그램, 장애수당, 장애인 활동보조, 희망스타트, 아동발달지원계좌, 아이돌보미 운영, 방과후 학교
	보육·여성	영유아보육료, 유아교육비, 보육시설 운영지원, 국공립보육시설 확충, 산모·신생아 돌보미, 산전후휴가급여지원, 육아휴직급여, 출산여성 고용촉진장려금
	고용안정·근로자복지	임금피크제 보전수당제도, 근로자 능력개발카드제, 교용인프라 구축, 직업능력개발, 실업급여, 직업재활지원, 외국인근로자지원, 무료법률지원
	주택	국민임대주택건설, 다가구주택 매입임대사업, 기존주택 전세임대, 영세민·근로자 서민주택전세자금 지원
	국가보훈	보훈급여, 의료지원, 유공자·제대군인 대부
	공적연금	군인연금, 국민연금, 공무원연금, 사학연금
보건의료 분야	보건의료	생애전환기 건강검진, 암검진비용 지원, 금연클리닉, 농어촌 보건소 시설개선, 지역거점 공공병원 현대화, 혈액안전관리, 취약계층·희귀질환자 요양지원
	건강보험	건강보험료 국고지원
공공질서 및 안전 분야	재난방지	재해위험지구 정비, 소하천 정비, 방재관련 R&D, 지진해일 예보·경보 시스템
	교통안전	교통시설개선, 교통안전 연구개발
	식품의약안전	위해요소 중점관리기준(HACCP) 도입, 식의약품 종합정보시스템 가동
	응급의료·산업안전	응급의료체계 개선, 산업안전 강화

출처: 기획예산처(2007)

하게 나타나고 있다. 전통적으로 우리나라 사회서비스는 저소득층이나 장애인 등의 취약계층 위주의 잔여적 특징을 띠어왔으나, 저출산이나 고령화에 따른 사회구조의 변화와 함께 사회서비스의 대상이 점차 확대되어가고 있는 특징이 있다. 예를 들어 생계급여, 의료급여, 자활지원 등은 취약계층을 위한 전통적 사회서비스(복지서비스)에 해당되고, 평생교육, 노인일자리제공, 독거노인도우미 등의 사회서비스는 고령화에 따른 인구구조의 변화에 대응하기 위해서 취약계층 노인뿐 아니라 일반노인까지를 포함하는 것으로 상대적으로 최근에 생겨난 사회서비스라고 볼 수 있다. 앞의 분석틀에서 살펴본 욕구 수준에 있어서 선별적 방식에서 보편적 방식으로의 전환이 일부 일어나고 있기는 하지만, 한국의 사회서비스의 특징은 서비스의 재원 및 공급에 있어서 공공부문의 비율이 낮다는 점에서 잔여적이고 취약계층 중심으로 서비스가 우선적으로 제공된다는 점에서 선별적 특성을 지닌다.

3) 한국 사회서비스의 문제점

최근 사회서비스에 대한 국내의 관심이 고조되고 있으며, 이와 함께 한국의 사회서비스 현황 및 문제점에 대해서 논의하는 연구논문이나 보고서 또한 증가하고 있다(예: 김용득, 2008; 기획예산처, 2007; 기획예산처, 2008; 곽효문, 2002; 강상경, 2008a; 강상경, 2008b; 강혜규, 2007; 김휘석, 2007 등). 이러한 문헌에 나타나는 한국의 사회서비스의 문제점을 위에서 논의한 사회서비스의 개념, 사회서비스 이해를 위한 분석틀, 사회서비스의 국제적 동향, 민영화의 개념을 바탕으로 정리하면 다음과 같다. 한국 사회서비스의 첫째 문제점은 서비스의 재원 및 생산·공급에 있어서의 낮은 공공부문의 비율이라고 할 수 있다. 사회서비스 욕구를 민간영역에서 충족시킬 수 없는 국민의 비율이 복지선발국가들인 스웨덴이나 미국보다 높을 것이라는 예상에도 불구하고 공공영역의 비율이 낮다. 이는 사회서비스 욕구가 있는 사람들 중에서 서비스 혜택을 받지 못하는 계층, 특히 차상위 계층에 많이 존재한다는 것을 반증한다. 둘째, 한국 사회서비스의 운영에 있어서 재원과 서비스 생산·공급 부분에서의 공공과 민간 영역의 기형적 분포가 나타난다. 한국의 정신보건서비스 공급자는 거의 100%가 정부에서 보조금을 받은 민간공급자라는 점은 한국의 사회서비스 재원과 공급의 담당주체 측면에서 선발 선진국과는 다른 기형적 분포가 나타나고 있음을 보여준다. 셋째, 보조금 위주로 운영을 하다 보니 공공부문의 민간영역 서비스 공급자에 대한 관리체계가 미흡하여 공공부문의 민간영역에 대한 통제가 결여된다.

위와 같은 한국의 전통적 복지서비스의 특징은 사회서비스 전달상에서 다음과 같은 한계를 보여주었다. 첫째, 전통적 복지서비스에 대한 정부의 재정적 지원은 공급자 위주로 이루어지고 있으므로 서비스 이용자들의 공급자나 서비스를 선택할 수 있는 소비자 선택권은 결여된 상태이다. 둘째, 전통적 사회복지서비스는 취약계층 위주로 형성되어 있어서 대상자 선정이 선별적이었으며, 이러한 이유로 서민이나 중산층의 욕구대상자들이 서비스 혜택을 볼 수 있는 기회가 제한되어 있다. 셋째, 전통적 사회복지서비스의 전달자가 정부 보조금을 받는 단일 제공기관 위주로 되어 있어서 공급자 간의 경쟁 유발을 통한 서비스의 질 개선에 한계가 있는 구조이다. 넷째, 전통적 복지서비스 전달에서 서비스의 가격은 중앙정부의 보조금 수준에 따르는 직접가격 결정 형식으로 되어 있어서 시장경쟁을 통한 가격경쟁이 일어나는 데 한계가 있는 구조이다. 다섯째, 전통적 복지서비스는 본인부담이 거의 없기 때문에 불필요한 서비스의 전달이 일어날 수 있어서 불필요한 사람들도 서비스를 이용하는 등 예산의 비효율적인 사용이 생길 수 있다. 여섯째, 전통적 복지서비스는 중앙정부에서 모든 사항을 결정하고 보조금을 지급하는 중앙집중식의 하향식 구조로 되어 있어서 지역사회의 특성이나 욕구를 충분히 반영하는 데 한계가 있다. 일곱째, 전통적 복지서비스 공급자는 정부 보조금을 받는 소규모 기관이 대부분이어서 규모의 경제를 통한 산업화가 일어나는 데 한계가 있다. 여덟째, 전통적 복지서비스는 저출산, 고령화 및 가족구조의 변화(예: 대가족에서 핵가족으로의 변화 및 여성노동인력의 증가) 등으로 인해서 생길 수 있는 새로운 욕구에 유연하게 대처하는 데 한계가 있다. 예를 들어 전통적인 대가족 하에서는 아동돌봄 욕구나 노인돌봄 욕구가 가족 내에서 자연스럽게 해결될 수 있었으나 핵가족 하에서는 가족구조 변화에 따른 이러한 욕구들을 가족 내에서 해결하기에는 한계가 있으며 전통적 복지서비스 영역에서 해결하는 것에도 한계가 있다.

4) 한국 사회서비스의 동향

위에서 언급한 것처럼 한국사회는 저출산·고령화·가족구조 등의 사회 환경적 변화에 따라 전통적 사회복지서비스가 지속적으로 담당하기에는 한계가 있는 사각지역이나 사회인구 구조의 변화에 따른 새로운 욕구들이 등장하고 있다. 이러한 시대적 변화에 부응하면서 사회복지서비스의 효율성을 높이는 한편, 사각지역 해소나 일자리 창출, 서비스 공급자 창출 등을 유도하는 차원에서 사회서비스에 대한 관심이 고조되고 있다. 이러한 시류를 반영하여 최근 보건복지부에 사회서비스 관련 부서들이 신설되고 산하에 사회서비스 관리센터가 발족하면서 시대적 변화에 부응하는 서비스 창출과 제공을 위한 노력을 기울이고 있다.

구체적으로 전자바우처 형태로 운영되고 있는 사회서비스 사업에는 전통적인 공급자 지원방식이 아닌 시장과 소비자 중심으로 보편적 사회서비스를 공급하는 새로운 운영방식을 도입하고 있다. 사회서비스 사업의 대표적인 영역은 보건복지부에서 2007년부터 시행하고 있는 바우처를 통한 사회서비스 확충사업이다. 본 사업은 시행당시 ① 노인돌보미사업, ② 중증장애인 활동보조사업, ③ 산모신생아 도우미 서비스 사업, ④ 지역사회서비스 투자사업(community social service investment, 이하 CSI 사업) 등으로 구성되어 있었다. 이 가운데 CSI 사업이 소비자 중심의 보편적 사회서비스 공급정책 가운데 가장 중요한 위치를 차지하고 있으며 예산규모도 제일 크다. 그리고 노인돌보미사업의 상당부분은 노인장기요양보험으로 발전하였고, 중증장애인 활동보조사업의 상당부분은 장애인장기요양보장제도로 발전하였다.

CSI 사업은 중앙과 지자체 간의 새로운 복지정책관계 구조를 모색하고 있다는 점에서 기존의 전통적 사회서비스 전달체계와는 차이가 있다. 전통적 사회서비스에서는 공급자에게 일괄적으로 지급하는 보조금 형식이었다면, CSI 사업에서는 해당 지자체가 자율적으로 사업을 설계하고 중앙정부가 심사한 후 승인을 하며 관련 재원은 지역별로 사회서비스 수요에 따라 탄력성 있게 조정되고 배분된다. CSI 전달체계에서는 중앙에서 전자바우처 시스템을 통해 지불정산 업무를 수행함에 따라 기존의 개별 보조금 방식에 따른 재원지원 방식의 문제점을 일정 정도 해결하였다. 중앙과 지자체 간의 복지정책 관계구조가 변화하였고, 전자바우처를 통해 재원이 탄력적으로 운영되었는데, CSI 사업의 실시 결과 신규사업의 발굴과 더불어 정책설계 및 전달 과정에서 중앙정부, 지자체, 사회서비스 관리센터, 지역사회서비스 투자사업 지원단 등 다양한 정책 네트워크가 구축되었다.

이들 CSI 사업이 기존의 사회복지서비스와 차별적으로 설정하고 있는 목표는 이용자에 대한 개인별 지원제도를 통하여 기존의 공급자 중심의 서비스 제공방식이 아닌 수요자 중심의 방식으로 서비스를 제공한다는 것이다. 그리고 이와 함께 이용자 지원을 통한 서비스 선택권을 주고 공급자 간의 경쟁을 유발하는 서비스 전달상에서 시장기제 방식을 통하여 서비스를 제공함으로써 공급자 경쟁 유발 및 시장 진입을 통해 다양한 직종의 일자리를 창출하는 것도 중요한 목표로 설정되었다. 바우처를 통한 새로운 서비스 제공방식의 성과는 수요자 만족도 제고, 사회서비스 공급기관 간 경쟁촉발, 고용취약계층에 대한 적합한 일자리 창출, 제도운영의 효율성과 투명성 제고 등이 제시되고 있다.

지역사회서비스 투자사업은 서비스 수요가 비교적 고르게 분포되어 있거나 미래에 대한 선제적 투자 등 전국 단위의 서비스 공급 필요성이 높은 분야에 대해서 보건복지부가 직접 사업을 발굴하여 제시하고 이 중에서 지자체가 선택하여 시행하는 표준형(지역선택형) 사업과, 지역의 특성에 맞게 지자체가 주도적으로 서비스를 기획하여 시행하는 지역개발형 사업으로 구성되어 있다. 지역개발형 지역사회서비스 투자사업은 지역별로 다양한 특성과 수요에 부합하는 차별적인 서비스를 지자체가 주도적으로 발굴하여 집행하도록 함으로써 지역주민이 체감하고 만족하는 서비스를 제공하는 목적으로 2007년부터 시행하고 있다. 2008년 현재 체험학습, 학습비전형성, 가족기능회복, 돌봄, 신체건강, 정신건강, 경제활동 참여, 사회참여, 조기개입, 재활치료, 성재활, 가구소독, 시설소독 등의 영역에서 250개 사업이 시행되었고(보건복지가족부, 2008a), 여기에 더하여 2008년 9월에 신규로 79개 사업에 4,706백만 원의 예산이 추가로 배정되어 시행되었으며(보건복지가족부, 2008b), 성공적이지 못한 사업들은 정리되었다. 그 결과 2011년 4월 말 기준으로 전국에서 503개의 지역사회투자사업이 실질적으로 운영되고 있다. 정신보건서비스로는 정신장애인 토털케어서비스가 2007년 대전을 시작으로 현재 전국적으로 15개 사업, 24개 기관이 참여하고 있다(보건복지부, 2011b).

5. 분석틀

지금까지 사회서비스의 개념과 분석틀에 대해서 살펴본 다음, 분석틀을 바탕으로 선발 복지국가의 사회서비스의 특성 및 동향을 살펴보고, 한국의 사회서비스의 특징 및 동향에 대해서 살펴보았다. 본 연구의 목적은 우리나라에서 현재 나타나고 있는 정신보건서비스의 다양한 특성의 뿌리인 정신보건서비스의 역사직 진개 과정을 시대별로 살펴보고, 이를 토대로 현재 정신보건서비스의 현황 및 문제점에 대해서 고찰한 다음 향후 정신보건서비스의 발전방향을 도출하는 것이다. 시대별 정신보건서비스의 특성을 고찰하기 위해서는 일정한 기준의 분석틀이 필요하다. 앞에서 사회서비스의 특성을 이해하기 위한 이론적 패러다임에 대해서 고찰하였다. 정신보건서비스는 사회서비스의 한 분야이므로 이를 적용할 수 있으며, 시대별 정신보건의 특성을 이해하는 데도 유용하게 쓰일 수 있다. 따라서 본 연구에서는 복지국가의 성격이나 유형을 구분하는 잔여적·제도적 복지국가 유형론을 먼저 살펴보고자 한다. 또한 이를 토대로 사회서비스의 특성을 고찰하는 이론적 패러다임을 구축하고 시기별 정신보건서비스의 분석에 적용하고자 한다.

〈표 II-2〉는 본 연구에서 정신보건서비스의 시대별 특성을 고찰하기 위한 분석틀을 정리한 것이다. 표에 나타난 것처럼 분석틀은 크게 두 가지다. 하나는 정신보건서비스의 재원 및 공급 측면에서 공공부문과 민간부문의 비율을 기반으로, 정신보건서비스의 특징이 잔여적인지 제도적인지를 판단하는 것이다. 또 다른 하나는 정신보건서비스 대상자의 욕구수준에 대한 것으로, 정신보건서비스의 욕구 대상이 선별적인 것인지 보편적인 것인지를 판단하는 것이다. 이러한 두 가지의 분석틀을 사용하지만 실제로 잔여적인 것과 선별적인 특성은 같은 선상에 있고, 제도적인 것과 보편적인 것은 일맥상

표 II-2. 정신보건서비스의 시대별 특성분석을 위한 분석틀

<table>
<tr><th>구 분</th><th>정신보건서비스 재원 및 공급 측면</th><th>정신보건서비스 대상자 욕구수준 측면</th></tr>
<tr><td>시대별 정신보건서비스 특성 고찰을 위한 분석틀</td><td>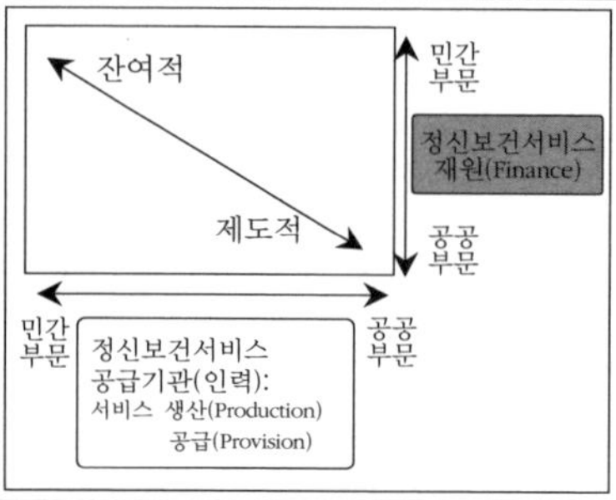
</td><td>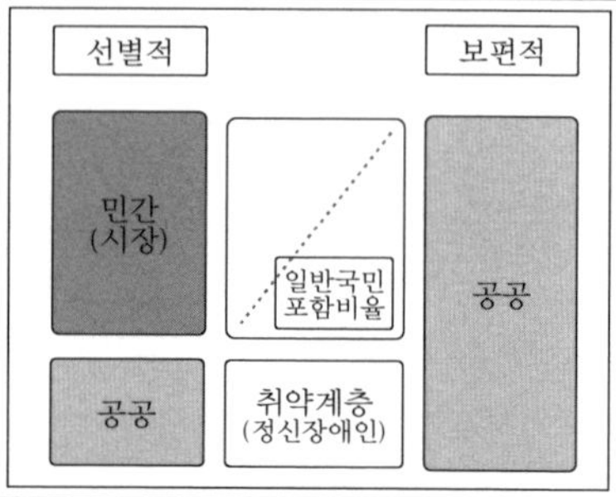
</td></tr>
<tr><td>시대별 정신보건서비스 특성 고찰의 주요 요소</td><td>1. 재원
－정신보건서비스 예산의 공공-민간 비율
2. 공급기관(인력)
－정신보건서비스 공급기관의 공공-민간 비율</td><td>3. 정신보건서비스 대상자
－정신장애인 대상 서비스 및 일반국민대상 서비스의 비율</td></tr>
</table>

통한다고 볼 수 있다. 본 연구에서는 한국의 정신보건서비스의 역사적 전개 과정을 이해하기 위해서 이들 두 가지 분석틀에서 제시하고 있는 주요 요소들인 ① 정신보건서비스 예산의 공공－민간 비율, ② 공급기관의 공공－민간 비율, ③ 정신보건서비스 대상자가 취약계층 중심인지 일반국민 중심인지의 세 가지 요소를 중심으로 시대별 정신보건서비스의 특성을 고찰하고자 한다.

III. 정신보건서비스 전개 과정과 시대별 특성

한국의 정신보건서비스 전개 과정을 다음과 같이 태동기-형성기-발전기-정착기의 4단계로 구분하여 정리하였다. 먼저 각 시기별로 정신보건서비스 특징을 주요 변화 위주로 기술하고, 정신보건서비스 연표를 간략하게 제시하였다. 자세한 연표는 부록으로 정리하였다. 그리고 II장에서 살펴본 분석틀에서의 세 가지 주요 요소인 재원, 공급기관(인력) 및 서비스대상자를 중심으로 각 시대별 정신보건서비스 특성을 좀 더 상세히 기술하였다.

1. 정신보건서비스 태동기

태동기는 독립적인 정신보건서비스의 개념에 대한 합의나 인식이 부족했지만 현재 한국의 정신보건서비스의 시초가 되는 시기다. 이 책의 초점은 한국전쟁 이후에 두고 있지만, 여기서는 자료수집이 가능한 1900년대 초반부터의 정신보건서비스 전개를 포함한다. 따라서 태동기를 한국전쟁 이전과 한국전쟁 이후의 두 시기로 나누어 고찰한다.

1) 한국전쟁 이전

(1) 전개 과정

이 시기의 정신보건서비스는 현재와 같은 정신보건에 대한 엄격한 개념 및 연구 성과가 축적되기 이전이기 때문에 제대로 된 정신보건서비스가 실시되었다고 보기는 어렵다. 일제강점기의 정신장애인에 대한 서비스는 주로 빈민구제사업의 일환으로 제한적으로 시행되었다(곽병은 등, 2004; 조선총독부, 1933; 이용표 외, 2006 재인용). 민간부분에서 최초의 개인 정신병원의 설립 및 뇌 관련 병원이 설립되고 대학에서는 근대적 정신의학 교육이 실시되는 등 정신보건서비스가 의료부문에서 치료중심으로 제한적으로 시작되었다.

최초의 정신과 전문 진료시설인 총독부 제생원 내의 조선총독부 의원이 1911년에 설립되어 1913년 정신병과가 설치된 이후 정신장애에 대한 진료가 시작되었다(이부영, 1994; 이용표 외, 2006 재인용). 그 후 1938년에 개인 영리병원인 성북병원이 개설되면서 민간부문에서도 정신과 진료가 시작되었다(이용표, 2007; 대한신경정신의학회, 1991). 1945년에는 대한신경정신의학회가 조직되었고, 정신건강 분야에 사회사업가가 처음으로 개입하게 되는 계기가 되었다(김기태 외, 2001; 문인숙·양옥경, 1991). 비슷한 시기에 청량리 뇌병원과 경기도도립병원이 설립되었다(이용표 외, 2006).

근대적 정신보건서비스 전달체계가 형성되기 이전이기는 하였지만, 의과대학에서 근대적 신경정신과를 설치하고 정신과 교육을 시작하여 근대적 정신보건교육의 기반을 마련한 시기이기도 하였다. 1940년대 초 경성제대 의학부에서 정신과 교육이 실시되었고, 해방이 되면서 1946년에는 서울대학교 의과대학에 신경정신과가 설치되면서 징신보건에 관련된 의료중심의 교육이 실시되었다(서울대학교

표 III-1. 정신보건서비스 태동기(한국전쟁 이전) 연표

연도	내용	출처
1938	성북병원 개설	이용표(2007) 대한신경정신의학회(1991)
1945	대한신경정신의학회 조직	김기태 외(2001) 문인숙 · 양옥경(1991)
	청량리뇌병원, 서울여의대 정신과, 경기도도립병원 설립	이용표 외(2006)
1946	서울대학교 의과대학 신경정신과 설치	이용표 외(2006) 서울대학교 의과대학(2010)
1947	시립순화병원별관 마약중독자치료소 설치	이용표 외(2006) 동아일보(1948)
1949	국립중앙각심학원 설립	이용표 외(2006)

의과대학, 2010). 한편 1947년에는 마약중독환자를 치료하기 위해 시립순화병원 별관에 마약중독자치료소가 설치되었으며, 1951년에 중구로 이전하였다가, 1960년 12월에 현재의 위치로 이전하면서 현재의 시립은평병원으로 자리잡게 된다(이용표 외, 2006; 동아일보, 1948). 1949년에는 최초의 정신장애인 수용시설인 국립중앙각심학원이 설립되어 정신장애인과 정신지체인을 함께 수용하였고, 이는 현 국립재활원의 전신이 된다(이용표 외, 2006).

위에서 살펴본 한국전쟁 이전의 태동기 동안의 정신보건서비스 전개 과정을 정리하면 〈표 III-1〉과 같다.

(2) 정신보건서비스 태동기(한국전쟁 이전)의 특성

① 재원

한국전쟁 이전의 정신보건서비스는 주로 민간 부문의 개인 영리병원과 의과대학 부속병원 등에서 제한적으로 이루어졌다. 이 시기에는 정신보건에 대한 국가적 인식이 싹트기 전이고 일제강점기에 해당하는 시기였기 때문에 공공부문의 재원은 상대적으로 적었다고 볼 수 있다. 그러나 해방 후 신경정신의학회의 조직을 필두로 도립병원과 국립대 의과대학에 신경정신과를 설치하는 등, 공공부분에서 정신보건서비스에 관여하는 부분이 싹트는 시기이기도 하였다. 예를 들어 경기도도립병원이나 시립순화병원, 국립중앙각심학원 등에서 관련 정신보건서비스가 제공된 것으로 볼 때 공공부문의 재원도 일부 사용되고 있음을 알 수 있다.[1]

② 공급 기관 및 인력

이 시기의 정신보건서비스는 대부분 신경정신과 의사 및 의과대학교수 등의 의료전문가에 의해 치료 중심으로 제한적으로 제공되었다. 한편 1945년 대한신경정신의학회가 조직되면서 권기주가 심리학자와 함께 청소년 문제에 관여한 것은 정신건강 분야에 사회사업가의 최초의 개입으로 볼 수 있다(문인숙 · 양옥경, 1991). 즉 근대화된 정신보건서비스가 정착되기 이전이었지만, 정신장애에 대한 다학제적 접근이 태동한 시기라고 볼 수 있다.

③ 대상

한국전쟁 이전 태동기의 정신보건서비스는 병원을 중심으로 한 의료적 접근으로 시작되었기 때문에 서비스의 주 대상자는 정신과 증상이 있는 정신질환자나 마약중독환자 등에 한정되었으며, 전체 인구를 대상으로 하는 보편적인 정신보건서비스는 주요 관심의 대상이 되지 못하였다. 즉 보편주의적 증진모델에 입각한 정신보건서비스는 존재하지 않았던 것으로 이해되고, 중증 정신장애인이나 마약

---

1. 이 시기의 정신보건서비스 재원과 관련된 정확한 자료가 존재하지 않기 때문에 민간-공공부문의 재원비율을 양적으로 정확하게 산출하기 어려운 한계가 있다.

중독자를 대상으로 하는 선별주의에 입각한 질병중심모델에 입각한 정신보건서비스가 주를 이루었다(이용표 외, 2006).

2) 한국전쟁 이후

(1) 전개 과정

한국전쟁 이후의 1950년대에는 전쟁으로 인해 정신장애인의 수가 급증했지만 인력 및 자원의 절대적 부족으로 전쟁고아 및 노약자와 정신장애인을 함께 수용했다. 지역사회 정신보건서비스는 거의 전무하였으며, 시설에서 진행되던 개입도 치료나 보호의 개념이라기보다는 인력이나 자원의 절대적 부족으로 인해 방임하는 실정이었다. 특히 전염성 질환이 정신장애보다 우선했기 때문에 정신병원 건립 등은 정책순위에서 계속 소외되었다(이용표 외, 2006). 1950년에 아동시설, 양로원 등의 후생시설 설치기준이 공포되었는데, 이와 함께 특수보호시설의 하나로 정신치료교화원의 설치기준이 공포되어 정신보건서비스를 제공하는 시설의 기준이 처음으로 공포된 시기였다. 또한 이러한 설치기준의 후속조치로 1952년에는 후생시설 운영요령이 공포되었고, 같은 해에 전남대학교 의과대학에 신경정신과가 개설되었다(이용표 외, 2006).

1953년에 영락양로원(자혜정신요양원)[2]이 설립되어 행려정신질환자들을 양로원 내 별도의 건물에 수용하였는데, 이는 정신장애인을 독립적으로 보호하기 위한 최초의 시설이라고 볼 수 있다. 1954년에

---

2. 부산지역 정신병원인 세명병원의 연혁 및 설립자 소개란의 설명에 따르면, 1953년에 영락양로원을 설립하여 행려정신질환자들을 양로원 내 별도의 건물에 수용하였고, 1962년에 영락정신요양원을 설립하였다. 1970년에 양로원을 폐쇄하고, 자혜정신요양원을 설립하였으며, 이후 세명정신병원을 개설(1990년)하고, 1999년에는 정신요양원 시설을 폐쇄하고 정신요양병원을 병원으로 전환하고, 법인 또한 의료법인으로 전환하였다.

는 현재 국립서울병원의 전신인 국립 노량진 정신구호병원이 개원되었고, 육군병원 및 해군병원에서도 정신과가 운영되었다(이용표 외, 2006). 한국전쟁 후 육군 또는 해군 병원의 정신과나 미8군 병원에서 미국식 정신보건서비스가 시행되면서 정신보건사회복지사와 정신보건과 의사와의 팀 접근이 이루어지는 계기가 되기도 하였다(김기태 외, 2001; 김태일, 1980).

1950년대 후반에는 정신장애인 수용을 위한 다양한 후속시설이 생겨난다. 1956년에 신생원이 생겼고(이용표 외, 2006), 전남도립 정신질환자 수용소가 개소되어 후에 행려자를 위한 '희망원'이라는 이름으로 개소하였고, 1957년에는 도립뇌병원으로 개칭하고, 1982년에 국립나주병원으로 변경되어 오늘날의 국립나주병원의 전신이 되었다(국립나주병원, 2001; 이용표 외, 2006). 1957년에는 1946년에 설립된 고아시설을 최초의 여성정신질환자 수용시설인 자매여숙정신요양원으로 전환하여 고아원과 겸하여 정신요양원으로 설립되었다. 이 시설은 1975년에 아동복리시설을 폐지하고 정신요양사업을 하는 시설로 전환하였다(자매정신요양원, 2011). 1958년에는 서울시립아동상담소에서 사회사업가, 심리학자, 법률전문가 등의 전문가들에 의한 팀 접근이 부분적으로 시도되었다(김기태 외, 2001; 김태일, 1982).

1960년대와 1970년대 정신보건서비스의 주요 특징으로는 정신장애인의 수용·보호가 성인불구시설과 부랑아시설이라는 사회복지서비스 체계에 포함되어 이루어졌다는 점이다(이용표 외, 2006).[3] 즉, 정신장애를 가진 아동이 부랑인시설에서 수용·보호되어 있다가 성인이 되면서 성인불구시설로 이동하는 경향을 보였다. 또한 1970년대 까지 우리나라는 농경사회에서 흔히 나타나는 정신질환에 대한

---

3. 1952년의 후생시설 설치기준 및 운영요령에 따른 "정신치료교화원"은 정신장애인만을 별도로 수용·보호하는 시설이었지만, 이후 행정통계상 장애인시설의 일종인 성인불구시설로 분류되어 통계적으로 구분되지 않는다.

미신적 질병관을 가지고 있어서, 종교기관에서 설립한 미인가 시설에서 비체계적인 치료나 인권과 거리가 먼 처우를 받는 경우가 많았다. 1978년 실시된 전국 사회복지시설 실태조사(아산사회복지사업재단, 1978; 민병근, 1979 재인용)에 따르면 정신장애인을 수용·보호하는 사회복지시설은 주로 서울·경기, 경남·북 지역에 편중되어 있고, 시설이 노후하거나 열악하고 의료전문가가 배치되지 않아 전문싱이 부족하며, 시설운영자들의 재산유지 방편으로 운영되는 경우가 많은 등 전반적으로 여러 문제점이 나타났다.

먼저 1960년대 전개 과정을 살펴보면 다음과 같다. 1962년 국립정신병원이 개설되어 정신보건사회복지사가 근무하게 된 이후 사회사업 전공학생들의 실습교육도 시행하게 되었다(김기태 외, 2001). 이것을 필두로 이후에 여의도 성모병원, 필동성심병원, 남부시립병원, 한강성심병원, 대구 동산기독병원 등의 신경정신과에도 정신보건사회복지사가 근무하게 되었다(안향림·박정은, 2001). 1963년에는 국립정신병원 기구개편을 통해서 공식적으로 병원 내에 사회사업과가 설립되어서 정신보건사회복지사가 정신보건서비스 전달에 본격적으로 관여하게 된다(양옥경, 2006).

1966년에는 보건복지부의 전신인 보건사회부에서 전국적 규모의 장애인 실태조사를 실시하여, 신체장애 및 정신장애인에 대한 최초의 전국적 자료를 산출하였다(이농모, 1981; 매일경제, 1985). 이 조사에서 정신장애의 기준에는 정신병(정신분열병, 조울증, 편집증), 간질, 정신박약을 포함하고 있었다. 1967년에는 성모병원의 자살예방센터에 정신보건사회복지사가 전임자로 근무한 것으로 보아 태동기이기는 하지만 자살예방서비스에도 관심이 싹트고 있었다는 것을 알 수 있다(한국정신보건사회사업학회 편, 2000). 1968년에는 중앙대학교 부속 필동성심병원에도 정신보건사회복지사가 근무하기 시작하였다(김기태 외, 2001). 1968년에는 정신보건법의 시초라고 할 수 있는 우리나라 최초의 정신보건 법안이 대한신경정신의학회를 중심으로 최초로 성안하였다(서동우, 2010). 1969년에는 대구 동산기독병원에 정신보건사회복지사가 근무한 것으로 기록되어 있다(이용호 외, 2006).

1970년대에는 경제개발의 여파로 급속한 산업화, 도시화 및 핵가족화가 진행된 결과로 정신질환자에 대한 가족과 지역사회의 공동체적 보호가 급속하게 와해되기 시작한 시기였다(서동우, 2010). 그 결과 체계적인 국가적 개입이나 법적 규제가 없는 상태에서 정신질환자들은 종교기관에서 운영하는 미인가 시설에서 치료적이라기보다는 비인권적인 수용에 처하게 된다. 즉 해방이후 1970년대에 이르기까지 정신보건서비스는 지속적으로 성장해오기는 하였지만, 전문적인 정신보건서비스 전달체계가 형성되었다기보다는 사회복지서비스 체계를 중심으로 수용 위주로 이루어졌고, 정신보건의료서비스도 절대적으로 부족한 상황이었다(이용표 외, 2006).

1970년에는 연세대 세브란스병원에 의료사회사업가로 채용된 사회복지사가 정신보건사회복지사로서의 겸무를 시작하였다. 또한 이 시기에 보건사회부에서 발의된 정신보건법안을 보면, 정신보건서비스의 대상을 '정신장애로 인하여 공안상 위해를 가하거나 그 가능성이 있는 자'로 규정하고 있어서 정신장애인을 위한 서비스라기보다는 정신질환자로부터 사회를 방어하기 위한 사회 방위적 시각이 뚜렷하게 나타난다(서동우, 2010). 이 시기에도 사회복지사의 정신보건서비스 전달에 참여하는 정도는 지속적으로 증가하여 1971년에는 한강성심병원, 용인정신병원, 혜동의원 등에 정신보건사회복지사가 근무하기 시작하였다(김기태 외, 2001). 1973년에는 종합병원에 사회복지사 1인 이상이 의무적으로 근무하도록 하는 의료법 시행령이 개정되면서, 종합병원 안에서 사회복지사의 활동이 확대되는 계기가 마련되었다(한국정신보건사회사업학회 편, 2000). 1974년에는 안양신경정신병원, 고려대 부속병원, 서울기독병원, 순천향대병원에서도 정신보건사회복지사를 채용하였다(김기태 외, 2001). 1974년에 특기할 만한 사항은 가톨릭대학병원 정신과에 낮병원이 개설되어 우리나라 정신보건서비스 역사에 최초로 낮병원 프로그램을 도입하게 되었다(이영호 외, 2006). 1975년에는 광주 천주의 성요한 병원에서 정신장애인 재활 프로그램을 시작하였는데, 이는 부분적으로나마 지역사회 정신보건서비스가 도입되기 시작한 것으로 이해될 수 있다(이윤로, 2005; 김규수, 2005). 1976년에는 서울백제병원에서 다수의 사회복지사를 채용하였고(김기태 외, 2001; 안향림 · 박정은, 2001), 1977년에는 대구 파티마병원, 보훈병원에서 정신보건사회복지사가 채용되었다(안향림 · 박정은, 2001).

1977년에는 정신보건사회복지사를 포함한 의료사회복지사의 개인력 조사, 사회조사, 사회사업지도, 가정방문 등의 치료활동에 대한 의료수가를 인정하여 청구할 수 있도록 하였다(김기태 외, 2001; 양옥경, 2006). 1977년에는 우리나라 의료보장제도 역사상 획기적이라고 할 수 있는 의료보호제도가 시행되었지만 정신질환자는 수혜대상에서 제외된 관계로 의료보호제도가 정신보건서비스의 양적 · 질적 향상에 실질적인 도움을 주지는 못하였다(김문곤, 1979). 당시는 정신질환자가 무상치료를 받기 위해서는 일반적인 의료보호수급권을 통해서가 아니라 생활보호법에 근거한 행려자이거나 경찰관 직부집행법에 의거한 범죄자로 분류되어야만 가능했는데, 이러한 이유로 가족들이 환자들을 고의로 유기하여 행려환자로 만들고 병세의 악화로 사건사고를 저지른 이후에 경찰에 입건되기를 기다리는 세태도 등장하게 되었다(김문곤, 1979).

1978년에는 전국사회복지시설 실태조사가 실시되었는데, 이 조사에 따르면 정신장애인을 수용하는 사회복지법인은 총 45개 시설이 정부 인가시설로 나타났으나, 이들 대부분은 정신박약 특수학교나 수용시설로 나타나 현대적 의미의 중증 정신장애인을 위한 인가된

표 Ⅲ-2. 정신보건서비스 태동기(한국전쟁 이후) 연표

연도	내용	출처
1950	후생시설 설치기준 공포	이용표 외(2006)
1952	후생시설 운영요령 공포	
	전남대학교 의과대학에 신경정신과 개설	
1953	자혜정신요양원(영락정신불구원)	이용표 외(2006) 세명병원(2004)
1954	국립 노량진 정신구호병원 개원	이용표 외(2006)
	각 육군병원, 해군병원에서 정신과 운영	
1955	정신보건사회복지사 & 정신보건과 의사 팀 접근	김기태 외(2001) 김태일(1980)
1956	[후생시설] 신생원	이용표 외(2006)
	전남도립 정신질환자 수용소 개소	국립나주병원(2001) 이용표(2007)
1957	[후생시설] 자매여숙정신요양원	이용표 외(2006) 자매정신요양원(2011)
1958	서울시립아동상담소에서 팀 접근을 실시	김기태 외(2001) 김태일(1980)
1962	국립정신병원이 개설되어 김원진 외 1명이 정신보건사회복지사로 근무	김기태 외(2001) 한국정신건강복지연구소 편(1994)
	여의도 성모병원에서 사회복지사 파견근무	한국정신보건사회사업학회 편(2000) 안향림 · 박정은(2001)
1963	성모병원 신경정신과에서 전임사회복지사 근무	김기태 외(2001) 한국정신보건사회사업학회 편(2000)
	국립정신병원 기구 개편을 통한 사회사업과 설립	양옥경(2006) 가톨릭 대여의도성모병원(2009)
1966	장애자보고서(보건사회부)	이동모(1981) 매일경제(1985)
1967	성모병원 자살예방센터에서 정신보건사회복지사 정의방이 전임자로서 근무	한국정신보건사회사업학회 편(2000)
1968	중대부속 필동성심병원에서 정신보건사회복지사 정의방, 박순자가 근무	김기태 외(2001) 한국정신보건사회사업학회 편(2000)
	[정신보건법안] 대한신경정신의학회에서 최초의 정신보건법안을 성안함	서동우(2010)
1969	대구 동산기독병원에서 정신보건사회복지사 근무	김기태 외(2001) 한국정신보건사회사업학회 편(2000) 이용호 외(2006)
1970	연세대 세브란스병원-정신보건사회복지사 겸무	김기태 외(2001)
	[정신보건법안] 보건사회부안	서동우(2010)

1971	한강성심병원, 용인정신병원, 혜동의원 정신보건사회복지사 근무	김기태 외(2001)
1973	의료법시행령 개정	김기태 외(2001) 한국정신보건사회사업학회 편(2000)
1974	안양신경정신병원, 고려대 부속병원, 서울기독병원, 순천향대병원에서 정신보건사회복지사를 채용하게 됨	김기태 외(2001)
	가톨릭대학병원 정신과에 개설된 우리나라 최초의 정신과 낮병원	이영호 외 (2006) 가톨릭대 여의도성모병원(2009)
1975	광주 천주의 성요한병원에서 정신장애자 재활 프로그램을 시작	이윤로(2005) 김규수(2005)
1976	서울백제병원에서 정의방, 길성무, 김정옥, 이영실, 박정은, 전석균 외 다수의 사회복지사를 채용함	김기태 외(2001) 안향림 · 박정은(2001)
1977	의료사회복지사(정신보건사회복지사)의 치료활동에 대한 보험수가 인정	김기태 외(2001) 양옥경(2006)
	대구파티마병원, 보훈병원에서 정신보건사회복지사업을 시작	안향림 · 박정은(2001)
	의료보호제도 시행	김문곤(1979)
1978	부산한병원(정신과전문병원) – 정신보건사회복지사(안영실) 근무	김기태 외(2001) 한국정신보건사회사업학회 편(2000)
	전국사회복지시설실태조사	아산사회복지사업재단(1978) 민병근(1979)
	서울지역 주민을 대상으로 신체 및 정신장애의 역학 연구 실시	이동모(1981)
1979	이화여대 부속병원, 전주예수병원, 부산 메리놀병원에서 정신보건사회복지사가 근무	김기태 외(2001)
	정신장애인에 대한 사회복지대책	김문곤(1979)
	정신보건사회복지사의 인력 부족	아산사회복지사업재단(1981)

정신보건서비스 시설은 거의 없었고 대부분의 중증 정신장애인을 위한 시설은 미인가 시설이었던 것으로 나타났다(민병근, 1979). 1970년대 말에 오면서 정신장애인에 대한 사회복지대책이 필요하다는

주장이 대두되었고(김문곤, 1979), 아산사회복지사업재단(1981)의 보고서에 따르면 당시 정신보건시설에 종사하는 정신보건사회복지사는 총 20명으로, 사회복지사 및 의료사회사업가를 포함하더라도 100만 명당 2.2명에 불과해서 외국에 비해 절대적인 인력부족 상태를 보이고 있었다.

위에서 살펴본 한국전쟁 이후 태동기 동안의 정신보건서비스 전개 과정을 정리하면 〈표 III-2〉와 같다.

(2) 정신보건서비스 태동기(한국전쟁 이후)의 특성

① 재원

한국전쟁 이전과 마찬가지로 1960~1970년대에도 대부분의 정신보건서비스는 민간영역에서 이루어졌다. 1977년 의료보호제도가 시행되었으나, 정신질환자는 수혜대상에서 제외되었고, 행려병자나 범죄자만 무상치료가 가능했다(김문곤, 1979). 서민가정에서 정신질환자를 고의적으로 유기하는 모순된 경우가 많았다는 점을 미루어볼 때, 이 시기의 정신보건서비스 재원은 전반적으로 아주 열악한 수준이었으며, 여전히 민간에서 대부분 담당하였고 공공에서 정신보건서비스를 위해 지출되는 재원은 상당히 제한적이었던 것으로 추정된다. 하지만 1968년에 최초로 정신보건법 제정이 신경정신의학회에 의해서 제안되었다는 점을 고려할 때 정신보건서비스 영역에 공공부분의 확대가 필요하다는 인식이 태동하기 시작한 것으로 생각된다.

② 공급 기관 및 인력

한국전쟁 이후의 태동기에서 정신보건서비스 공급기관은 대부분 신경정신과가 있는 병원과 성인불구시설, 부랑아시설 등의 수용시설이라고 볼 수 있다. 1975년 광주 천주의 성요한 병원에서 부분적으로 정신장애인 재활 프로그램이 시작되었지만, 정신장애인은 격리·수용되거나 치료받아야 할 대상으로 인식되었다. 『보건사회백서』(보건사회부, 1964)에 따르면, 1964년의 공공 정신병원과 민간 정신병원의 병상 수는 각각 550개로 나타나 정신보건서비스의 공공-민간 비율은 표면적으로는 비슷하였으나, 통계에 파악되지 않은 정신장애인 수용시설 및 미인가 수용시설을 고려할 때 실질적으로는 민간의 비율이 더 높을 것으로 추정된다.

정신장애인에게 서비스를 제공하는 인력도 신경정신과 의사나 수용시설의 인력으로 양분할 수 있다. 병원에서 제공되는 치료중심의 정신보건서비스는 주로 신경정신과 의사 및 간호사 등의 의료전문가에 의해 수행되었고, 병원에 따라 일부 정신보건사회복지사 및 사회복지사가 근무하고 있었으나 소수에 불과하였다(아산사회복지사업재단, 1981). 특히 정신장애인 수용·보호 시설은 정부 인가시설의 경우에도 전문의나 간호사 등의 의료전문가가 배치되는 경우는 전무하였고, 정부보조금에 거의 전적으로 의존하였으며 전문성과 책임성이 부족한 시설 운영자와 종사자에 의해 열악하게 운영되었다. 따라서 인력의 경우에도 소수의 민간 의료전문가와 전문성 및 책임성이 부족한 시설 종사자에 의해 정신보건서비스가 제공되었다고 볼 수 있다. 정신보건법이 제정되기 이전인 관계로 이 시기에는 지역사회에 기반을 둔 사회복귀시설이나 정신보건센터 등의 지역사회정신보건서비스 공급기관들은 전무하였다. 즉 입원·요양 위주의 공급기관이 주를 이루었다.

③ 대상

제한된 재원과 공급기관으로 인해서 정신보건서비스의 대상 또한 중증 정신장애인을 중심으로 극히 선별적이었던 것으로 추정된다. 이 시기의 정신보건서비스의 대상은 대부분 중증 정신장애인 중에서도 보호자가 없는 행려병자들이 주를 이루었다. 앞서 언급한 바와 같이 이 시기의 정신보건서비스는 병원에서의 치료 및 수용시설에서의 수용·보호로 양분할 수 있으며, 서비스 대상 또한 이에 상응한다고 볼 수 있다.

하지만 1964년의 예를 들면 전국의 정신병원 병상 수가 공식적으로는 1,100개에 불과해서, 대부분의 정신장애인은 제대로 된 치료서비스를 받지도 못하고 가정과 지역사회 내에 잠재되어 있었다고 볼 수 있다. 일부 정신장애인의 경우 병원에서 제한적인 치료서비스를 받을 수 있지만, 곧 사회복지법인에서 운영하는 수용시설이나 종교기관에서 만든 미인가 수용시설에 격리되거나 가정이나 지역사회 내에서 방치되었을 것으로 추정된다. 전 국민을 대상으로 하는 정신보건서비스는 찾아보기 어려운 시기였다.

2. 정신보건서비스 형성기

1) 전개 과정

1980년대부터 1995년 정신보건법이 제정되고 1997년에 시행되기 이전까지의 시기를 정신보건서비스 형성기로 볼 수 있다. 이 시기의 두드러진 특징으로는 1980년대 후반의 미인가 정신요양시설의 제도화와 민간부분에서의 개인 정신병원의 양적 성장을 들 수 있다(이용표 외, 2006). 먼저 1983년에 신경정신과가 신경과와 정신과로 분리되면서, 정신과는 독립적인 전공과목이 되어 이후 정신과 전문의는 급격히 증가하고, 이에 따라 사립병원의 수도 늘어났다. 형성기 동안 그 이전에 미인가·무허가 시설로 운영되던 많은 정신요양시설이 정부의 국가 정신보건 전략에 의해 제도권 내로 편입되었다(이영호 외, 2006; 김규수, 2005). 이로 인해 1982년에 5,420명에 불과한 정신요양시설 수용자 수는 정신보건법 시행 직전인 1996년의 18,639명으로 계속 증가하였다(이용표 외, 2006). 이러한 정신요양시설의 수용자 증가 추세는 앞서 언급한 정신의료기관의 정신병상수의 증가와 맞물려 갈등관계를 가져오기도 하였지만, 전반적으로는 이 시기의 한국의 정신보건서비스가 여전히 수용 및 격리 위주로 성장하였음을 알 수 있다. 형성기 동안의 한국 정신보건서비스 전개 과정을 살펴보면 다음과 같다.

1980년에 발표된 전국 성인병 실태조사에 따르면 정신장애의 유병률이 1.03%로 나타났는데, 구체적으로 남자 유병률이 0.87%였고, 여자 유병률이 1.19%로 나타났다(문옥륜 외, 1982; 한국정신건강복지연구소 편, 1994). 같은 해 발표된 심신장애자 실태조사에 따르면 조사 참석자 중 정신병에 해당하는 대상자는 163명으로 총 심신장애자의 약 4.92%에 해당하며, 표본인구 천 명당 출현율은 1.19명으로 전국의 정신병자 추정 수는 약 44,000명으로 조사되었다(한국보건개발연구원, 1980; 이동모, 1981). 최근 전국 유병률 조사와 차이가 나는 것은 아마도 조사방법의 차이와 정신장애에 대한 정의의 변화에 따른 것으로 추정된다. 1981년에 발표된 서울시 신체 및 정신장애자에 대한 역학적 연구에서는 정신장애인을 개별 범주로 조사하지 않고, 간질과 정신지체를 위주로 조사를 진행한 것으로 보아서 당시만 해도 정신장애에 대한 정의가 연구자나 정책입안자들 사이에 명확하게 공유되지는 못했던 것으로 추측된다.

1982년에는 이전 시기에는 음성적으로 운영되어오던 정신요양원을 공식화하였다(김기태 외, 2001). 1983년에 특기할 만한 또 다른 하나는 이전까지 신경정신과로 구분되던 것을 정신과와 신경과로 분리하여 정신과를 독립적인 전문 과목으로 분류하기 시작하였다(이용표 외, 2006). 정신과의 독립으로 인해 이후 정신과 전문의가 급속하게 증가하였으며, 정신장애인의 병원수용도 급격히 증가하게 되었다. 1983년 TV 고발 프로그램에서 '기도원 사건'을 통해서 미인가 수용시설의 정신장애인에 대한 비참한 인권침해 실상이 보도되고, 1987년 '형제복지원' 사건 등이 사회적으로 이슈화되면서 열악한 상황에서 수용·보호되고 있는 정신장애인에 대한 사회적 관심이 생겨나게 되었다. 기도원 사건에 대한 보도가 있은 다음해인 1984년에 정부는 정신질환관리 종합대책을 발표하였다(이영호 외, 2006).

1984년에 발표된 정신질환관리 종합대책 발표는 정부 차원에서 처음으로 시도된 국가 정신보건전략이고 이를 계기로 정신질환관리체계를 정부 차원에서 처음으로 계획하게 되었다. 정신질환관리체계는 1차 기관인 정신과의원, 보건소 및 보건지소에서 정신질환자를 발견, 진료, 상담을 실시하고, 2차 기관인 정신병원, 일반병원 정신과, 정신요양시설에서 진료, 재활, 훈련을 전담하는 것을 골자로 하고 있다(김규수, 2005). 국가정신보건전략의 주요내용에는 첫째, 비인가 시설을 대형시설 위주로 양성화하고, 둘째, 촉탁의 제도를 도입해서 최소한의 치료를 제공하고, 셋째, 시설종사자의 인건비와 입소자 생계비를 지급하고, 넷째, 최소한의 시설 및 인력기준을 갖추도록 정부가 지도감독을 하고, 다섯째, 권역별 국공립 정신병원을 건립하고, 여섯째, OECD 차관 등의 외부재원을 통한 민간정신병원을 설립하는 것 등이 포함되어 있다. 정신질환관리 종합대책 및 국가정신보건전략은 정신보건 분야에 정부 차원의 공공개입이 처음으로 이루어졌다는 점과 이를 계기로 무허가 정신보건 시설을 양성화하기 시작하는 발판을 마련하였다는 점에서 의의가 있다(김규수, 2005).

1985년에는 보건사회부가 다시 정신보건법안을 성안하여 국회에 제출하였으나, 당시 정권하에서 정신장애인 인권문제를 다루고 있다는 점에서 폐기되었다(서동우, 2010). 따라서 1980년대 후반부터 1990년대 중반까지 시행된 정신병상 확대정책은 정신보건법이라는 기본법의 토대가 없는 상태에서 의료급여제도 및 시설보호제도(정신요양시설이나 부랑인시설의 운영)의 정비에 의한 우회적 재정 지원정책을 통해서 진행되었다. 이러한 법적 기반의 미비로 당시에는 강제입원에 대한 법적 절차가 없었다. 1985년에는 정신요양시설 운영 지원사업이 처음으로 제시된 시점으로 47개소의 정신요양시설을 정부에서 운영지원하였다(보건복지부, 2012). 1985년에는 강화지역 지역사회정신보건 시범사업이 진행된 해이기도 하다(이윤로, 2005). 이 시범사업은 연세대학교 세브란스병원에 의해 지역사회 전체를 사업의 단위로 생각하는 정신보건사업으로 시범적으로 강화도 지역에서 수행되었는데, 이 사업은 한국의 지역사회정신보건사업의 시초로 이해된다(양옥경, 2006). 1985년에는 연세대 의과대학 정신과 및 예방의학교실과 미국 일리노이 대학이 우리나라 최초로 공동 정신질환 역학조사를 실시하였다(양옥경, 2006). 조사대상은 강화도 주민 10만 명 중 보건사업 주 대상인 내가면과 선원면 주민 중 성인남녀 1천 명을 대상으로 하였다. 이 조사는 당시 국제적으로 표준화된 유병률 조사도구로 인정받던 미국 국립정신보건연구소에서 개발한 진단적 면담스케줄(DIS)을 통해서 진행되어 국제비교를 가능하게 했다는 점에서 의의가 있다.

강화도에서 실시된 지역사회정신보건 시범사업으로 지역사회정신보건에 대한 관심의 증가와 입원 위주의 정신보건서비스가 지역사회 위주로 전환되어야 한다는 사회적 공감대가 급속히 확산되었다. 이러한 사회적 분위기와 맥락을 같이하여 1986년에 태화 샘솟는 집이 개원을 하였다(이용호 외, 2006). 태화 샘솟는 집은 병원 거점이 아닌 지역사회 거점의 정신사회 재활 프로그램이 우리나라에서 최초로 도입되고 시행되었다는 점에서 의의가 있다(양옥경, 2006). 1986년에는 1985년에 성안된 정신보건법안이 인권문제를 유발하고, 요양소를 양성할 소지가 있으며, 예산 책정이 부적절하고, 정치적으로 악용될 경우 일반인들의 인권마저 유린될 소지가 있다고 판단되어 정신보건법 저지 공동대책위를 결성하고 투쟁을 시작한 해이기도 하다(양옥경, 2006).

1987년에는 당시 언론을 떠들썩하게 했던 형제복지원 사건이 있었다(이용표 외, 2006). 형제복지원은 당시에는 정신장애인이 대부분이던 부랑인 수용시설로, 이 사건을 통해서 부랑인 시설 수용자 증가추세에 제동을 걸고 지역사회정신보건으로의 전환 필요성을 각성하는 계기가 마련되었다. 이전까지는 장애인 등록제도가 존재하지 않았는데, 1987년에는 장애인 등록 시범사업이 시작되었다. 1988년에는 정신의학회에서 제안한 정신보건법안을 바탕으로 보건사회부가 정신보건법안을 다시 성안하였다(서동우, 2010). 이러한 시대적 분위기를 타고 유병률 조사를 하였던 강화지역을 중심으로 정신보건센터 시범사업이 시행되어, 연세대 정신과학교실이 예방의학교실과 연계하여 강화지역에서 정신보건센터를 2년간 운영하였다(김규수, 2005). 1989년에는 보건사회부 주관으로 '정신질환의 이환상태와 관리방안에 대한 조사연구'가 진행되었다(한국정신건강복지연구소 편, 1994). 이 조사연구는 우리나라 최초의 정신질환자 치료 유병률 조사라는 점에서 의의가 있다. 본 조사의 보고서가 나오기 전까지는 우리나라 정신질환자 수를 인구의 약 1%로 추정하여 사용하였으나, 본 연구결과 유병률은 2.16%인 것으로 나타났다(보건복지가족부, 2009a).

1990년대에는 정신보건법 제정 및 지역사회정신보건으로의 패러다임 전환을 위한 움직임이 한층 빨라졌다. 1990년에는 장애인 고용촉진 등에 관한 법률이 제정되었는데(보건복지부, 1994), 이는 장애인을 보호 격리의 대상에서 사회적 역할을 수행할 수 있는 하나의 인격체로 보는 시각이 형성되었다는 점을 보여준다. 이러한 변화는 실제 서비스 전달에서도 일어났는데, 용인정신병원에서 직업재활을 통한 지역사회정착 프로그램을 시작하였다(김규수, 2005). 1991년에는 정부의 정신보건업무가 보건복지부의 의정국 병원행정과에서 보건국 질병관리과로 이관되면서, 정신질환을 단순한 행정적 관리 위주에서 질병관리 대상의 차원으로 다루기 시작하였다(보건복지부, 1994). 대구 카바레 방화사건이나 서울 여의도 광장 자동차 질주사건 이후에 사회방어 및 범죄예방대책 차원에서 법무부가 1991년부터 정신보건법 제정에 개입하기 시작하였고(양옥경, 2006), 이를 계기로 정신보건법 성안 및 제정에 탄력을 받기 시작하였다. 1992년에는 정부의 정신보건법안이 국회에 제출되었다(보건복지부, 2012). 1993년에는 정신질환자 치료유병률 제2차 조사가 실시되는 등(보건복지부, 2012), 정신보건법 제정 및 지역사회정신보건으로의 전환을 위한 준비 작업이 계속되었다. 1993년에 특기할 만한 일은 하늘타리 프로그램이라는 사회복지 중심의 심리사회센터 모형이 시도되고(김규수, 2005), 한국정신보건사회사업학회가 창립되었다(한국정신보건사회사업학회 편, 2000).

1994년에는 지역사회 정신보건사업에 관한 각종 연구용역이 활발히 수행되면서 1995년 정신보건법 제정의 밑바탕이 되었다(보건복지가족부, 2009a). 보건사회연구원에서 '정신보건의 현황과 정책과제'에 관한 연구용역을 수행하였고, 아주대 의과대학 정신과학교실에서는 '정신요양원 수용자의 사회복귀 및 거주시설 운영'에 관한 연구용역을 수행하였다(보건복지가족부, 2009a). 아주대 정신과학교실에서 실시한 '정신질환자 재분류 및 정신의료시설 기준 개발 연구'에 따르면 전체 정신의료시설 입원이나 입소 환자의 약 54.8%가 입원하기에 부적절한 군으로 지역사회 중심의 치료가 필요한 것으로 나타났다(김규수, 2005). 서울대 의료관리학 교실에서 수행한 '지역사회 정신보건 사업체계 개발 및 정신보건의 현황과 정책개발'에 관한 연구에 따르면 전체인구의 약 2.75%인 120만 명이 정신질환에 이환되어 있으며 이 중 약 9만 명이 집중적인 국가관리가 필요한 환자 군으로 추정되었다(김규수, 2005). 1994년에는 지역사회 정신보건시범사업이 농촌과 도시에서 시행되었다. 아주대 의과대학 정신과학교실에서 수행한 '도시 재가환자를 위한 지역정신보건 시범사업 연구'는 서대문구 내에 거주하는 정신장애인에 대한 지역사회적인 포괄적 치료를 제공하고자 퇴원환자 및 지역에 거주하면서 치료를 제대로 받지 못하는 환자를 대상으로 의료체계를 형성하고, 주간보고, 가정방문, 사후관리, 직업재활 서비스 등을 제공하였다. 또한 서울대 정신과학교실에서 수행한 '농촌 재가환자를 위한 지역정신보건 시범사업 연구'는 연천군 지역사회에서 시행된 시범사업으로 연천의료원과 보건소를 사업의 중심으로 활용하여 농촌지역의 지역사회정신보건 체계를 구축하고자 노력하였다(김규수, 2005). 같은 해에 정신보건 사회사업학회의 학술지인 '정신보건과 사회사업'이 창간되었다(한국정신보건사회사업학회 편, 2000).

이러한 준비 과정을 거쳐서 1995년에 드디어 정신보건법이 제정되었다. 제정된 정신보건법은 의원입법을 통해 보건복지위원회의 대안을 바탕으로 제정된 것으로, 예방, 치료, 요양 기능을 분산하여 규정하고 견제와 균형을 통한 지역사회 정신보건사업을 표방하였다(서동우, 2010). 정신보건법의 제정을 통해 지역사회정신보건의 기반을 마련하였다는 점에서는 의의가 있으나 정신보건법은 다음과 같은 한계도 있다. 즉, 정신보건법 제정을 통해 정신질환의 강제입원 절차를 마련하고 정신보건 인력과 시설에 대한 기준을 수립하였다는 점에서는 의의가 있으나, 지역사회 정신보건 지향은 선언 수준에 머물고 탈원화를 위한 실질적인 정책 및 작동구조가 준비되지 못하여 입원병상이나 장기입원 현상이 악화되는 결과를 가져왔다는 점에서 한계가 있다. 정신보건법 재정과 더불어 정신건강의 날 행사가 정기적으로 개최되기 시작하였으며(보건복지가족부, 2009a), 지역사회

표 III-3. 정신보건서비스 형성기 연표

연도	내용	출처
1980	전국성인병실태조사	문옥륜 외(1981) 한국정신건강복지연구소 편(1994)
	심신장애자실태조사	한국보건개발연구원(1980) 이동모(1981)
	부산아동병원에서 정신보건사회복지사업이 시작	안향림 · 박정은(2001)
1981	서울시 신체 및 정신장애자에 대한 역학적 연구	이동모(1981)
	한림대 부속 신림종합복지관에서 정신보건사회복지사업이 시작	안향림 · 박정은(2001)
	심신장애자복지법 제정	보건사회부(1982)
1982	정신요양원 공식화	김기태 외(2001)
	인제대 부속 부산백병원에서 정신보건사회복지사를 채용	이용표 외(2006)
1983	서울 적십자병원, 연세의대 부속 영동병원, 목포 성골롬반병원, 마산 고려병원에서 정신보건사회복지사를 채용	김기태 외(2001) 안향림 · 박정은(2001)
	정신과를 신경과와 분리	이용표 외(2006)
	KBS 추적 60분에서 '기도원 사건'이 보도됨	김기태 외(2001)
1984	군산개정병원에서 정신보건사회복지사 채용(정신보건사회사업 시행)	보건사회부(1985)
	정신질환관리 종합대책 발표	김규수(2005) 이영호 외(2006)
1985	[정신보건법안] 보건사회부가 다시 법안을 성안하여 국회 제출	서동우(2010)
	정신요양시설 운영지원(47개소)	보건복지부(2012)
	강화지역 지역사회 정신보건 시범사업	이윤로(2005) 양옥경(2006)
	정신질환 역학조사	매일경제(1985)
1986	만성질환 역학조사	김정순 외(1989)
	태화 샘솟는 집 개원	이영호 외(2006)
	병원에서 정신의료사회복지사(김정진)가 책임자로 채용됨	양옥경(2006)
	정신보건법(1985년 정부안) 저지 공동대책위원회 결성	양옥경(2006)
1987	형제복지원 사건	이용표 외(2006)
	OECD 차관을 통해 지역별 공공 정신병원 건립 자금 지원	양옥경(2006)
	장애인등록 시범사업이 시작되었음	보건사회부(1988)

1988	[정신보건법안] '1988 정신의학회안'을 바탕으로 정부가 '1988 보건사회부안'을 성안	서동우(2010)
	강화지역 정신보건센터 시범사업	김규수(2005)
1989	정신질환의 이환상태와 관리방안에 대한 조사연구	한국정신건강복지연구소 편(1994) 보건복지가족부(2009a)
	장애인복지법(심신장애자복지법 전면개정) 제정	보건사회부(1990)
1990	장애인고용 촉진 등에 관한 법률 제정	보건사회부(1991)
1991	정신보건업무가 보건국 질병관리과로 이관	매일경제(1985)
	용인정신병원에서 직업재활을 통한 지역사회정착프로그램을 시작	김규수(2005)
	법무부가 정신보건법안 제정에 개입	양옥경(2006)
1992	정신보건법안 국회 제출(정부안)	보건복지부(2012)
1993	정신질환자 치료유병률 제2차 조사	보건복지부(2012)
	하늘타리 프로그램(정신건강복지연구소)－사회복지사 중심의 심리사회센터모형	김규수(2005)
	정신보건사회사업학회 창립(2월 13일, 초대회장 김규수)	한국정신보건사회사업학회 편(2000)
1994	지역사회 정신보건사업 연구용역	보건복지가족부(2009a)
	정신질환자 재분류 및 정신의료시설 기준 개발 연구(아주대 정신과학교실)	김규수(2005)
	지역사회 정신보건 사업체계 개발 및 정신보건의 현황과 정책개발(서울대 의료관리학교실)	김규수(2005)
	도시 재가환자를 위한 지역정신보건 시범사업 연구(아주의대 정신과학교실)	김규수(2005)
	농촌 재가환자를 위한 지역정신보건 시범사업 연구(서울대 정신과학교실)	김규수(2005)
	정신보건과 사회사업 창간(10월 15일)	한국정신보건사회사업학회 편(2000)
1995	정신보건법 제정	이용표 외(2006) 서동우(2010)
	정신건강의 날 행사 개최 시작	보건복지가족부(2009a)
	한국정신사회재활협회 결성	윤규열 · 이명자(2009)
	서울시 지역사회 정신보건사업 실시: 강남구 지역사회 정신보건센터 사업	김규수(2005)
1996	경기도 지역사회 정신보건사업 실시(수원시, 양평군)	보건복지부(2012)

정신사회 재활의 기반조성 및 정신보건서비스의 패러다임의 전환을 위해 한국정신사회재활협회가 결성되었다(윤규열 · 이명자, 2009). 정신보건법 제정과 함께 실질적인 지역사회정신보건을 지향하는 사업들이 진행되기 시작하였다. 1995년에는 서울시 지역사회 정신보건 사업이 강남구 보건소와 용인 정신병원이 연계하여 일원동에 거점센터를 설치하고 진행되었고(김규수, 2005), 1996년에는 경기도 지역사회 정신보건사업이 수원시와 양평군을 중심으로 시행되었다(보건복지부, 2012).

위에서 살펴본 정신보건서비스 형성기 동안의 정신보건서비스 전개 과정을 정리하면 〈표 III-3〉과 같다.

2) 정신보건서비스 형성기의 특성

(1) 재원

1980년대까지는 정신보건서비스의 재원은 대부분 민간영역이었고 국공립 정신병원 이외에는 정부에서 체계적으로 개입하는 부분이 상대적으로 적었다. 1980년대에 미인가 정신요양시설을 제도화하고 보조금을 지급하기 시작한 것이 병원에서 이루어지는 입원이나 의료서비스 이외의 정신보건서비스에 대한 공공재원의 시초라고 할 수 있다. 하지만 병원이나 요양시설에서 이루어지는 의료 및 입원·요양서비스 이외의 지역사회재활을 위한 정신보건서비스들에 대한 공공재원의 지원은 거의 전무하였다. 따라서 정신보건서비스 형성기에도 정신보건서비스는 대부분 민간영역에서 이루어졌다고 볼 수 있다. 미인가 정신요양시설의 제도화 및 사립 정신의료기관의 양적인 팽창이 있었지만, 상대적으로 공공영역에서의 변화는 미흡했다. 즉 형성기의 정신보건서비스 재원은 여전히 민간에서 대부분 담당하였다고 볼 수 있다.

(2) 공급 기관 및 인력

정신보건서비스 형성기인 1980년대와 1990년대의 정신보건서비스의 특징은 미인가 정신요양시설의 제도화와 민간 영역에서의 사립병원의 급속한 성장이라고 볼 수 있다. 특히 국공립 정신병원의 병상 수는 1984년의 1,150개에서 1993년의 4,184로 약 3.6배 증가한 것에 비해, 사립 정신병원의 병상 수는 1,022개에서 7,231개로 약 7배 증가하였다. 그 외 종합병원 및 개인 병의원의 정신병상 수가 1,091개에서 7,278개로 6.7배 증가한 것을 포함하면, 10년의 짧은 기간 동안 민간 부문에서의 사립병원의 양적 성장은 가히 폭발적이라 할 수 있다(보건사회부, 1984; 1989; 보건복지부, 1994). 의료기관의 종사자 수는 통계자료에 나타나 있지 않지만, 이러한 정신병상 수에 비례하여 급속하게 증가했을 것으로 추정할 수 있다.

한편 정신요양시설 등이 제도화됨에 따라 1984년에 40개 시설에서 총 8,349명의 입소자가 1993년에는 74개 시설의 17,796명으로 약 2.1배 증가하였다(보건사회부, 1984; 1993). 정신요양시설의 운영 인력 또한 이러한 정신요양시설의 양적 증가와 비례하여 증가했음을 알 수 있다.

따라서 전반적으로 정신보건서비스 형성기의 공급기관 및 인력은 급속한 증가가 있었으며, 주로 사립병원 및 정신요양시설 등의 민간 부문을 중심으로 성장했다고 볼 수 있다.

(3) 대상

이 시기의 정신보건서비스의 대상 또한 병원에서 치료받는 정신질환자나 수용시설에서 수용·보호 받는 만성 정신질환자이다. 앞서 언급한 대로 정부의 미인가 정신요양시설 제도화 및 민간 부문에서의 사립 병·의원의 증가 등의 양적 성장이 이루어졌지만, 서비스의 주 대상은 여전히 정신질환 증상이 있는 정신질환자였으며 인구 전체를 대상으로 하는 보편적 정신보건서비스는 정책적 관심의 대상이 되지 못하였다. 대상자 특성에 따른 정신보건서비스 형성기의 특징을 요약하면 중증 정신질환자 중심의 선별주의에 입각한 질병중심모델이었으며, 주된 서비스의 종류가 입원 및 요양서비스를 중심으로 한 것들이었다는 점을 고려할 때, 의료적 모델에 기반을 두고 있었다고 평가된다.

3. 정신보건서비스 발전기

1) 전개 과정

1995년 정신보건법이 제정되고, 1997년 3월부터 시행되기 시작하면서부터 한국의 정신보건서비스는 발전기에 들어섰다고 볼 수 있다. 발전기는 1997년 정신보건법이 시행된 이후부터 2007년 지역사회투자사업을 통해서 지역사회정신보건 바우처 사업이 시행되기 이전까지로 나누었다. 이 시기에는 정신보건법의 개정 및 장애인복지법과 같은 관련 법령을 개정하는 등 정신보건서비스의 제도적 발판을 마련하고 점진적인 보완이 이루어졌다.

1997년 3월에 정신보건법이 시행되었다. 정신보건법의 제정 취지는 정신보건사업의 예방-치료-요양-재활 기능을 각각 보건소, 병원 등의 정신의료기관, 정신요양시설, 비영리 사회복지조직에서 각각 담당하도록 하여, 정신질환자의 불필요한 장기 입원을 방지하고 지역사회 정신보건사업의 균형적인 발전을 목표로 하는 것이다. 이에 따라 정신보건법 시행 이후에 사회복귀시설 운영을 지원하고 정신보건센터 사업이 확대 실시되었다. 이러한 변화와 더불어 정신보건법 시행은 장기적으로 알코올 상담센터 시범사업, 아동청소년 정신보건사업 등을 포함한 총제적인 지역사회 정신보건서비스 전달체계가 태동하는 계기를 마련하였다. 정신보건법 시행과 함께 전통적 정신보건 전문 인력인 의사에 더하여 정신보건간호사, 임상심리사, 정신보건사회복지사의 세 직역으로 구성된 정신보건전문요원제도가 도입되었다. 정신보건법이 처음으로 시행된 것이어서 여러 가지 한계가 나타나자 같은 해 12월 31일에 정신보건법을 전면개정하였다. 개정의 골자는 정신요양병원제도의 폐지, 지역사회 정신보건사업 소요비용을 국가 및 지자체가 지원할 수 있는 법적 근거 마련, 전문가의 판단이 있을 경우 보호의무자의 퇴원신청 없이 퇴원을 가능하도록 하는 것 등을 포함하였다(서동우, 2010).

1998년에는 정신보건발전 5개년 계획을 발표하여, 정신보건법 시행 이후의 정신보건서비스 전개 과정의 방향을 제시하였고, 서울의 성동, 강북, 강원도 춘천 및 울산 남구의 4개 지역에서 모델형 정신보건센터가 시범적으로 운영되면서 정신요양시설 위주의 요양서비스 위주에서 지역사회 정신보건서비스가 정착할 수 있는 계기를 마련하게 되었다(보건복지가족부, 2009a). 1999년에 정신보건센터 시범사업이 실시되면서 1995년 이후에 서울 및 경기도 지역을 중심으로 시작한 지역사회 정신보건사업을 전국적으로 확대하는 계기를 마련하였다. 정신보건센터의 확대 및 사회복귀시설 운영지원 등의 지역사회 정신보건서비스가 증가하는 것을 기술적으로 지원하기 위해서 1999년에는 '지역사회 정신보건사업 기술지원단'을 운영하였다(양옥경, 2006). 1999년에는 장애인복지법 개정이 있었다. 장애인복지법 개정에 따라 정신질환에 의한 정신장애를 법적장애인 범주에 포함시켜 2001년 1월부터 관련 복지서비스를 제공할 수 있는 법적 근거를 마련하게 되었다(이영호 외, 2006). 하지만 정신장애인은 특별법인 정신보건법 적용이 장애인복지법보다 우선되고 정신장애서비스와 정신보건서비스 전달체계 및 거버넌스가 통합적으로 이루어지지 못하는 관계로 장애인복지법에서 보장하는 장애인서비스 혜택에서 정신장애인들이 소외되는 현상이 반복되고 있다.

2000년 1월 12일에 정신보건법 2차 개정이 있었다. 2차 개정을 통해서 알코올 및 약물중독 관련 사업이 정신보건사업에 공식적으로 추가되었으며, 특정 정신의료기관이 지역사회 정신보건사업을 지원하도록 하는 조항을 폐지하였고, 사회복귀시설의 활동 규정에서 '의료', '전문의 지도' 등의 규정을 삭제하였다(이용표 외, 2006). 2차 개정 결과 4개소에서 알코올상담센터 시범사업이 시작되었다(양옥경, 2006). 또한 2차 개정을 통해서 자의입원환자의 퇴원중재제도와 시·도지사의 정신의료기관 지정제도를 폐지하였으나, 이러한 것이 정부의 규제개혁의 일환으로 추진된 개정이라 정신보건서비스의 질적 향상에 미친 영향은 한계가 있었다고 평가된다(서동우, 2010). 2001년에는 정신보건센터가 모델형과 기본형의 두 가지로 나누어서 설립되었으며, 정신질환 실태를 파악하기 위한 국제기준에 맞춘 전국 규모의 역학조사가 실시되었다(양옥경, 2006).

2002년에는 보건복지부에서 미국의 Health 2010을 모델로 하여 정신건강 증진 및 정신보건발전 관련 중장기 계획인 Health Plan 2010을 수립하였다. 여기에 포함된 정신건강 정책과제는 지역사회 정신보건사업의 확대, 정신요양시설 운영비 현실화 및 환경 개선, 사회복귀시설 확대 설치, 알코올상담센터 확대, 정신질환 예방홍보사업 활성화 등의 5개가 있었다(김규수, 2005). 하지만 이 발전계획은 정신보건정책을 타 서비스 분야와의 통합적 관점에서 접근하기보다는 정신보건과에서 추진하는 개별 예산사업 중심으로 나열하는 데 그치고 있어서 중장기적 비전과 목표가 부재하다는 문제점이 지적되기도 하였다. 성인 정신보건사업의 확대와 더불어 2002년에는 16개소에서 아동청소년 정신보건사업이 시작되어서 아동청소년 정신보건사업 기반 구축의 틀을 마련한 해이기도 하다(양옥경, 2006). 2003

년에는 정신요양시설 근무환경 개선을 위해서 2교대제를 도입하였고(양옥경, 2006), 알코올상담센터가 본 사업으로 전환되어서 시행되기에 이르렀다(보건복지가족부, 2009a).

2004년 1월 29일에 정신보건법 3차 개정이 있었다. 이용표 외(2006)에 따르면 3차 개정 법안은 대한신경정신의학회 개정안을 대부분 수용하여 정신의료집단과 의사집단의 이해관계를 과도하게 반영한 문제점이 있고, 그 결과 정신보건센터의 기능이 강화되고 사회복귀시설의 재활 훈련기능을 센터에서 진행되는 사업들과 중복되는 것으로 규정하여 사회복귀시설의 업무영역을 축소하는 결과를 가져왔다는 평가를 받았다. 또한 3차 개정을 통해서 중앙 및 지방 정신보건사업지원단을 설치하도록 하였는데, 이는 1999년 이후 확대된 지역사회 정신보건사업 지원체계를 확충하려는 의도에서 이루어진 것이다(서동우, 2010). 2004년에는 아동청소년 정신보건사업도 31개소에서 시행되기에 이르러 확대되었다(보건복지가족부, 2009a).

2005년에는 10년간의 시범사업을 종료하고 정신보건센터를 설치운영하는 법적 근거가 마련되었으며, 자살 등 위기상담 전화도 운영하기 시작하였다(양옥경, 2006). 2006년에는 생명사랑 및 자살예방사업, 정신질환자 인식개선 및 권익증진 강화 사업들이 진행되었고, 3차 개정에 근거한 지방정신보건사업지원단이 구성되고 운영되었으며, 2001년에 이어 국제기준에 맞춘 두 번째의 정신질환 역학조사가 이루어졌다(보건복지가족부, 2009a).

한편 법 제정 이후 수차례의 정신보건법 개정을 통해 의료전문가의 이해관계를 과도하게 반영하고 사회복지서비스에 기반한 사회적 시장은 축소시키는 결과를 가져왔다는 비판이 있었다(이용표 외, 2006). 그러나 전반적으로는 발전기의 후반에 들어서면서, 2004년의 정신보건법 3차 개정에서 중앙 및 지방정신보건사업지원단을 설치하도록 규정하였고, 2000년도 중반 이후 자살예방사업, 아동·청소

표 III-4. 정신보건서비스 발전기 연표

연도	내용	출처
1997	정신보건법 시행(3월)	이용표 외(2006)
	정신보건법 전면개정(12월 31일)	김기태 외(2001) 서동우(2010)
	사회복귀시설 운영지원 사업(2개소)	양옥경(2006)
	정신보건전문요원 제도 도입	보건사회백서
1998	정신보건발전 5개년 계획	김규수(2005)
	모델형 정신보건센터 운영사업 시작	보건복지가족부(2009a)
1999	정신보건센터 시범사업	이용표 외(2006)
	지역사회 정신보건사업 기술지원단 운영	양옥경(2006)
	장애인복지법 개정	이영호 외(2006)
2000	정신보건법 2차 개정(1월 12일)	이용표 외(2006) 서동우(2010)
	알코올상담센터 시범사업 시작(4개소)	양옥경(2006)
2001	모델형과 기본형 두 가지로 나누어 정신보건센터 설립	양옥경(2006)
	정신질환 실태를 파악하기 위한 국제기준에 맞춘 전국 규모의 역학조사 실시	
2002	정신보건 발전계획(Health Plan 2010)	김규수(2005)
	아동청소년 정신보건사업 시작(16개소)	양옥경(2006)
2003	정신요양시설 2교대제 도입	양옥경(2006)
	알코올상담센터 본 사업 전환	보건복지가족부(2009a)
2004	정신보건법 3차 개정(1월 29일)	이용표 외(2006) 서동우(2010)
	아동·청소년 정신보건사업 확대(31개소)	보건복지가족부(2009a)
2005	10년간의 시범사업을 종료하고 정신보건센터 설치 법적 근거가 규정됨	양옥경(2006)
	자살 등 위기상담전화 운영 시작	양옥경(2006)
2006	생명사랑 및 자살예방사업 추진	보건복지가족부(2009a)
	정신질환자 인식개선 및 권익증진 강화	
	지방정신보건사업지원단 구성·운영	
	정신질환실태 역학조사	

년 정신보건사업 확대, 알코올상담센터의 본 사업 전환 등의 움직임은 정신보건서비스의 영역이 기존의 정신질환자 중심의 선별적 서비스에서 점차 인구 전체를 대상으로 하는 보편적 정신보건서비스 사업으로 변화가 가시화되었다고 볼 수 있다. 발전기의 특징을 요약하면 정신보건법의 제정 및 시행으로 지역사회정신보건의 기반을 마련하였고, 기존의 의료 및 입원요양서비스 위주의 정신보건서비스가 지역사회 정신보건서비스를 강조하는 것으로 바뀜에 따라 지역사회 정신보건서비스 공급기관 및 인력이 급속도로 증가하기 시작하였다.

위에서 살펴본 정신보건서비스 발전기 동안의 정신보건서비스 전개 과정을 연표로 정리하면 〈표 III－4〉와 같다.

2) 정신보건서비스 발전기의 특성

(1) 재원

정신보건법이 제정되어 정신보건사업의 법적 근거가 마련되고, 1992년 정신과 진료 및 치료에서 정액수가제가 도입되면서 공공재원의 비중이 전반적으로 확충되었다. 〈표 III－5〉에서와 같이, 1992년 약 500억 원 정도의 정신장애 관련 의료급여 규모는 2009년에는 약 8천억 규모로 16배가량 증가하였다. 또한 정신장애와 관련한 민간과 공공재원의 비율은 건강보험 및 의료급여로만 판단할 때, 대체로 50% 내외로 균형 있게 유지되고 있음을 알 수 있다. 정신보건법 시행에 따라서 지역사회 정신보건서비스가 활성화되고 정신장애인의 입원·치료·요양 서비스는 의료급여나 건강보험으로 커버가 되었다. 이 시기 재원구성의 특징을 한마디로 요약하면 중증 정신장애와 관련해서는 의료급여나 국민건강보험 등의 공공재원이 주를 이루었다고 볼 수 있다. 하지만 전 국민 대상의 정신건강예방 및 증진

표 III-5. 정신장애 관련 민간-공공 재원 현황과 비중 (단위: 천 원)

연도	의료급여(A)	건강보험(B)	합계(A+B)	의료급여 재원비율(%)*	건강보험 재원비율(%)**
1992	49,811,429	69,186,742	118,998,171	41.9	58.1
1993	63,322,531	77,793,270	141,115,801	44.9	55.1
1994	73,064,111	86,187,951	159,252,062	45.9	54.1
1995	90,850,315	103,753,148	194,603,463	46.7	53.3
1996	103,203,264	126,022,039	229,225,303	45.0	55.0
1997	131,610,198	149,057,885	280,668,083	46.9	53.1
1998	148,525,273	176,827,422	325,352,695	45.7	54.3
1999	182,611,726	197,894,009	380,505,735	48.0	52.0
2000	254,701,203	237,903,913	492,605,116	51.7	48.3
2001	259,635,572	278,215,133	537,850,705	48.3	51.7
2002	305,983,891	291,043,814	597,027,705	51.3	48.7
2003	363,783,323	339,332,588	703,115,911	51.7	48.3
2004	432,341,391	364,658,832	797,000,223	54.2	45.8
2005	498,995,898	435,386,774	934,382,672	53.4	46.6
2006	548,833,222	572,583,395	1,121,416,617	48.9	51.1
2007	583,591,742	730,004,083	1,313,595,825	44.4	55.6
2008	651,362,341	932,423,213	1,583,785,554	41.1	58.9
2009	816,136,839	1,085,838,498	1,901,975,337	42.9	57.1

출처: 각 연도 보건복지부·국민건강보험공단의 통계연보를 정리함.
주: *A/(A+B) **B/(A+B)

에 대한 관심은 아직도 미흡하여, 경증정신건강 문제로 상담치료를 민간영역에서 받은 경우는 구체적인 통계자료가 존재하지는 않지만 지출된 재원비중이 상당한 수준으로 존재할 것으로 추정된다.

(2) 공급 기관 및 인력

정신보건법의 제정으로 지역사회 정신보건기관인 사회복귀시설, 정신보건센터, 알코올상담센터 등이 설치되었다. 즉 공급기관이 양적으로 급성장하였고, 이에 따라 제공인력 또한 수적으로 증가하였다. 특히 전통적으로 의사와 간호사 위주로 진행되어오던 정신보건영역에 정신보건사회복지사가 대거 참여하게 되었다. 요약하면 발전기의 정신보건서비스 제공기관 및 전문 인력의 수는 전반적으로 증가하는 것으로 나타났으며, 지역사회 정신보건 영역에서의 사회복귀시설 및 정신보건전문요원의 양적 성장 또한 있었다고 볼 수 있다.

먼저 정신보건서비스를 제공하는 정신의료기관 및 사회복지시설의 전체적인 현황은 〈표 III－7〉에 정리되어 있는데, 정신병원과 정신과 병·의원을 합한 정신의료기관의 수는 2000년의 749개소에서 2010년에는 1,273개소로 약 1.7배 증가하였다. 그리고 정신요양시설과 사회복귀시설, 정신보건센터 등의 사회복지시설은 2000년의 99개에서 2010년에는 428개로 약 4.3배 증가하였다. 수적으로는 여전히 정신의료기관이 절대적으로 다수를 차지하고 있어서 발전기의 정신보건서비스 공급기관들은 주로 의료기관이 차지하였다. 하지만 공급기관 수의 증가속도를 보면 사회복귀시설과 정신보건센터 등의 지역사회정신보건서비스 기관들의 증가속도가 정신의료기관의 증가속도보다 훨씬 빠른 것으로 나타났다.

다음으로 정신보건서비스를 제공하는 전문인력은 〈표 III－6〉에 정리하였다. 정신보건서비스를 제공하는 전문인력은 2000년의 8,619명에서 2009년에는 17,139명으로 약 10년 동안 2배가량 증가하였다. 전체적으로는 정신과 전문의나 간호사 등의 의료전문가의 비중이 높게 나타나 의료중심의 정신보건서비스가 여전히 강세를 띠고 있음을 알 수 있고, 정신보건사회복지사의 경우 2000년에 272명에서 1,251명으로 약 4.6배 증가하여 지역사회 정신보건의 목표에 맞게 사회복지사나 임상심리사 등의 전문인력의 수도 증가하였음을 알 수 있다.

표 III-6. 정신보건 전문인력 현황 (단위: 명)

연도	합계	정신과 의사		정신보건전문요원*			간호사	사회복지사	임상심리사	간호조무사
		전문의	전공의	간호사	사회복지사	임상심리사				
2000	8,619	1,425	553	783	272	152	2,632	480	88	2,234
2001	9,655	1,553	577	1,098	338	171	2,890	553	105	2,380
2002	10,095	1,642	523	1,229	403	193	2,932	609	157	2,407
2003	10,970	1,684	476	1,353	457	240	3,300	784	163	2,513
2004	11,854	1,838	513	1,482	565	244	3,570	852	163	2,627
2005	12,863	1,964	516	1,653	672	268	3,724	1,006	173	2,887
2006	14,183	2,089	549	1,782	874	295	4,012	1,203	189	3,190
2007	14,761	2,225	556	1,729	826	319	3,487	1,361	204	3,694
2008	15,946	2,276	596	1,797	992	354	4,282	1,488	178	3,983
2009	17,139	2,527	675	1,779	1,251	369	4,582	1,664	173	4,119

출처: 중앙정신보건사업지원단 사업보고서(2009)
주: *정신보건전문요원 수련을 받은 간호사, 사회복지사, 임상심리사의 수.

(3) 대상

정신보건서비스의 이용자 수는 〈표 III-7〉에 정리되어 있다. 전체적으로는 정신병원 및 정신과 병·의원의 정신병상 수는 2000년의 43,875개에서 2010년에 75,414개로 약 1.7배 증가하였다. 이에 비해 정신요양시설, 사회복귀시설 및 정신보건센터와 같은 사회복지시설에서의 이용자수는 2001년의 32,165명에서 2010년의 58,167명으로 약 1.8배 증가하였다. 주의하여 보아야 할 것은 정신보건법 시행 이후에도 정신병상수는 지속적으로 증가하여왔고, 병상수의 증가속도는 정신보건센터나 사회복귀시설과 같은 지역사회정신보건시설을 이용하는 정신장애인 수의 증가속도와 유사하다는 점이다.

정신병원의 병상 수 기준으로 공립 정신병원의 병상 수는 2000년의 7,570개에서 2010년의 4,148개로 약 45% 정도 감소하였으나, 사립병원의 병상 수는 2000년의 20,667개에서 2010년의 34,525개로 약 1.7

배 증가하였다. 특히 정신과 병·의원의 정신병상 수가 2000년의 15,638개에서 2010년의 27,441개로 약 1.8배 증가한 것을 포함한다면 민간영역에서의 정신의료기관의 이용자 수는 큰 폭으로 급증했음을 알 수 있다.[4] 그리고 민간영역의 정신요양시설의 이용자 수는 약 14,000명 규모에서 일정하게 유지되고 있는 데 비해 사회복귀시설의 이용자 수는 2001년의 1,866명에서 2010년의 6,240명으로 약 3.3배 증가하였다. 이러한 점은 정신보건서비스에서 입소·수용 위주의 서비스보다 지역사회에서의 재활 및 사회복귀시설의 역할이 상대적으로 커지고 있음을 나타내지만, 여전히 입원·입소 기능을 담당하는 정신의료기관 및 정신요양시설의 비중은 높다.

한편 정신보건센터(표준형)의 경우에도 2001년에 46개소에서 10,740명이 이용하였으나, 2010년에는 157개소에서 46,962명이 이용하여 큰 폭의 양적 성장이 있었다. 알코올상담센터 또한 2000년에 4개소에 불과했지만, 2010년에는 41개소에서 약 5천여 명이 이용하는 등 큰 변화가 있었다. 이러한 변화는 지역사회에서 정신보건서비스를 이용하거나, 정신질환이 아닌 음주 등의 전체 인구를 대상으로 하는 정신보건서비스로의 다양화가 부분적으로 나타나고 있다고 볼 수 있다.

이상에서 살펴본 바와 같이 정신보건법이 제정되고 시행된 발전기의 정신보건서비스의 대상을 보면 여전히 중증 정신 장애인이 대부분이다. 이러한 현상을 고려해볼 때 정신보건법이 시행된 이후에도 일반국민 대상의 정신건강 예방이나 증진사업은 우선순위에서 밀려나 있고, 중증 정신 장애인을 대상으로 하는 선별적 정신보건서비스가 주를 이루고 있다고 판단된다. 하지만, 자살 등 위기상담전

---

4. 정신보건시설 현황에서 2000년에서 2005년까지 국립정신병원과 종합병원의 정신병상수가 파악되지 않아, 계산에서 제외하여 비교하였다.

표 III-7. 정신보건시설 현황

연도	구분	정신의료기관							사회복지시설					
		정신병원			정신과			소계	정신요양 시설	사회복귀 시설	정신보건센터		알코올 상담센터	소계
		국립	공립	사립	종합병원	병원	의원				표준형	기본형		
2000	기관수	6	11	61	149	39	483	749	55	49	46		4	99
	병상수		7,570	20,667		13,393	2,245	43,875	14,135					
2001	기관수	6	11	57	154	53	541	822	55	66	46		9	121
	병상수		7,551	20,640		15,020	3,621	46,472	13,960	1,866	10,740	19,559		32,165
2002	기관수	6	12	59	156	48	623	904	55	89	50		14	153
	병상수*		7,805	21,880		16,188	3,995	49,868	13,840	2,378	12,713	18,950		34,041
2003	기관수	6	12	61	159	61	659	958	55	97	50		16	163
	병상수*		7,829	21,866		18,170	3,696	52,143	13,886	2,378	15,951	20,869		39,198
2004	기관수	6	12	62	164	74	671	989	55	115	52		17	184
	병상수*		7,956	33,395		18,841	4,310	53,391	13,850	3,347	17,246	21,292	1,504	43,389
2005	기관수	6	12	63	168	81	718	1,048	56	138	62		20	220
	병상수*		7,781	22,463		21,736	6,170	58,150	14,049	3,916	20,236	223,035	2,035	249,222
2006	기관수	6	12	68	167	104	767	1,124	57	151	73		26	250
	병상수*	3,648	4,185	23,856	7,419	19,354	5,298	63,760	14,296	4,500	26,101	22,649	2,635	55,885
2007	기관수	6	12	71	169	129	815	1,202	58	171	97		30	298
	병상수*	3,795	4,145	24,618	7,083	22,252	6,360	68,253	14,609	4,914	32,898	22,430	4,088	64,330
2008	기관수	6	12	93	153	123	813	1,200	58	211	153		34	398
	병상수*	3,831	4,212	28,384	6,319	19,348	7,608	69,702	14,235	5,324	56,231	13,114	4,272	78,941
2009	기관수	6	11	149	156	96	814	1,232	58	225	155		35	415
	병상수*	3,636	3,727	37,922	5,373	14,631	7,089	72,378	14,325	5,437	46,265	10,977	4,810	67,489
2010	기관수	6	12	127	165	136	827	1,273	59	230	157		41	428
	병상수*	3,830	4,148	34,525	5,470	20,872	6,569	75,414	14,515	6,240	46,962		4,965	58,167

출처: 각 연도 『보건복지백서』와 중앙정신보건사업지원단 사업보고서를 재정리함.
주: *각각 병상수 / 정원 / 이용자 수

화의 운영을 통한 자살예방사업이 시행된 점으로 미루어볼 때, 사회적 위험요인의 증가에 따른 일반인의 정신건강에 대한 관심이 증가하였고 보편주의에 입각하여 일반인을 대상으로 하는 관련 사업이 초보적인 수준에서 운영이 된 것으로 판단된다. 하지만 보편주의에 입각하여 전체 국민을 대상으로 하는 정신건강 증진사업은 아직까지 부재하였던 것으로 판단된다.

4. 정신보건서비스 정착기

1) 전개 과정

정착기는 기존의 공급자 위주의 보조금 형식의 재정지원방식에서 벗어나 이용자 위주의 재정지원방식이 도입되고, 중증정신장애인 위주의 치료 및 재활서비스 위주에서 일반국민을 대상으로 하는 알코올 예방사업이나 아동·청소년 대상의 정신건강 검진사업이 강화되고 정신건강 검진사업이 시행된 2007년 이후로 분류하였다. 정신보건서비스 정착기는 지나간 역사라기보다는 현재 및 향후 역사적 전개 과정에 더 가까울 것 같다. 현재 정신보건서비스의 변화와 발전은 계속 진행 중임에도 불구하고 정착기를 굳이 별도로 구분한 것은 2007년 이후부터 정신보건의 패러다임이 중증 정신질환자 중심의 질병모델에서 전체 국민의 정신건강의 증진 및 예방에 초점을 맞춘 증진모델로의 변화가 급격히 나타나고 있기 때문이다. 정신보건서비스 정착기의 전개 과정을 살펴보면 다음과 같다.

2007년에는 아동·청소년 정신보건사업이 강화되고, 16세 청소년의 검진사업이 시행되어서 지금까지 중증정신장애 성인 위주의 정신보건서비스의 범주에서 벗어나 아동청소년을 대상으로 하는 예방사업이 본격적으로 강화되기 시작하였다(보건복지가족부, 2009a). 국가정신보건서비스의 범위에 있어서도 전통적인 정신분열증 등의 중증정신장애 관련 서비스의 범위를 넘어서 국가 알코올 종합대책인 파랑새 플랜 2010의 추진에 따라서 알코올 관련 치료 및 예방 서비스가 주요 정신보건서비스로 등장하기 시작하였다. 또한 공급자 지원방식의 전통적인 정신보건서비스 관행에서 벗어나 2007년에는 역사상 최초로 바우처를 통해 이용자를 지원하는 정신장애인 토털케어서비스가 대진의 한울 사회시비스센터에서 처음으로 실시되어 정신보건서비스 영역의 재정지원 방식에서 변화된 모습을 보여주었다(보건복지가족부, 2009a).

2008년에는 정신보건센터의 개혁도 있었다. 즉 기존의 기본형과 모델형으로 나누어 운영되던 정신보건센터를 표준형으로 통합하고, 광역형 정신보건센터를 신설하였다(보건복지부, 2009a). 또한 중증정신질환과 알코올 중독에 이어 정신보건서비스의 영역이 마약류 중독관련 서비스까지 확장되어서 2008년부터 마약류 중독자 치료보호 지원사업이 시행되었다. 2009년에는 지역사회투자사업의 일환으로 문제행동아동 조기개입서비스가 실시되었다. 이 사업을 통해서 이전의 서비스가 뇌병변, 정신지체, 발달장애, 언어장애 등의 장애를 가진 등록장애아동을 대상으로 하였으나, 2009년부터는 의사나 정신보건사회복지사 등의 전문가에 의해 문제행동 소견을 받은 아동들도 바우처 지원을 받아서 관련 서비스를 받을 수 있게 되었다. 이러한 변화는 취약계층 위주의 선별적 정신보건서비스가 장애등록이나 진단 없이 이용이 가능하게 되었다는 점에서 정신보건서비스의 대상자가 보편주의에 입각하여 좀 더 확대되는 결과를 가져왔다고 평가된다.

2010년 이후에는 정신보건법 5차 개정이 추진되고 있는데, 5차 개정의 주요 골자는 다음과 같다. 첫째, 기존의 정신질환자 개념에서 기능저하 정신질환자를 분리하여 이들을 대상으로 자격증 취득이나 각종 사회활동 참여로부터의 배제를 최소화할 수 있는 서비스를 제공함으로써 정신장애인 인권을 신장하기 위한 목적이 있다. 둘째, 입원절차를 합리적으로 조정하고, 입원환자의 자유제한을 줄여서 인권침해의 소지를 최소화하는 목적이 있다. 셋째, 정신보건센터를 정신보건기관으로 정의함으로써 법적근거를 강화하고, 광역정신보건센터와 알코올 상담센터의 법적근거를 신설하는 목적을 가지고 있다. 최근 변화된 기관의 법적근거 및 정신장애인의 인권증진을 위한 목적을 가지고 있지만, 법이 정신보건센터에 초점을 맞추고 있고 상대적으로 사회복귀시설 관련한 개선은 미약하다는 측면이 있다.

정신보건정착기의 가장 큰 변화는 국가 정신보건정책 방향이 중증정신질환자의 사후적 정신의료기관 입원, 재활 위주에서 일반인을 대상으로 하는 정신건강 증진 중심의 사전예방적 정신건강정책으로 전환하였다는 점이다(보건복지부, 2012). 이러한 국가정책의 변화는 향후 정신보건서비스가 국민의 다양한 정신건강 문제에 적극 대응할 수 있도록 관련된 정신보건법, 정신보건 시설 및 기관, 전문인력 운영의 기본적인 기조가 전환될 필요가 있다는 것을 의미한다. 실제 보건복지부에서는 정신건강증진 시범사업의 운영을 계획하고 추진 중에 있다. 이러한 정신건강 증진사업은 정신보건시설 간 기능을 증진사업에 맞게 재조정하고 정신건강센터의 기능을 확대하는 것을 골자로 하고 있다. 또한 정신건강 증진사업의 추진을 위해서 정신의료기관, 사회복지시설, 학교 등의 지역 내 유관 자원 간 네트워크를 구축하고, 초발 정신질환 조기발견, 중증 정신질환자 탈원화 및 재활지원 등의 기존 사업에 추가로 증진 및 예방을 골자로 하는 공공정신건강서비스의 개발 및 제공이 필요하다. 정부에서 추진 중인 정신보건 증진사업의 가장 큰 특징은 기존의 선별주의에 입각한 질병중심의 의료모델 위주의 정신보건서비스가 보편주의에 입각한 일반인을 위한 증진모델 위주의 정신보건서비스로 전환되었다는 점

표 III-8. 정신보건서비스 정착기 연표

연도	내용	출처
2007	아동·청소년 정신보건사업, 검진사업 강화	보건복지가족부(2009a)
	'파랑새플랜' 2010 추진	
	정신장애인 토털케어서비스	
2008	기본형·모델형 정신보건센터 → 표준형으로 통합. 광역형 신설	
	마약류중독자 치료보호 지원	
2009	문제행동아동 조기개입서비스 실시	보건복지가족부(2009b)
2010	정신보건법 5차 개정(추진 중)	서동우(2010)
2012	정신건강증진 시범사업	보건복지부(2012)

이다. 이러한 변화는 정신보건서비스의 기본방향이 보편주의에 입각한 증진모델의 기반 위에 선별주의에 입각한 질병모델을 통합적으로 연계하여 중증 정신장애인뿐 아니라 일반인의 정신건강 증진을 위한 영역으로 확대되었다는 점에서 그 의의가 있다.

지금까지 살펴본 정신보건서비스 역사에서 나타나듯이 정착기 이전 한국의 지역사회 정신보건서비스 재정지원 방식은 공급자에게 보조금을 지원하는 방식이었는데, 최근에 들어서 정신장애인 토털케어서비스(2007년)나 문제행동아동 조기개입서비스(2009년)처럼 이용자 위주의 지원방식이 도입되었다. 이러한 방식은 이용자의 서비스 선택권을 보장하고 공급자 사이에 서비스 전달상의 경쟁구도를 유발하여 지역사회서비스의 양적·질적 확장에 기여할 것으로 기대된다. 또한 아동청소년 우울 및 자살 증가에 대비해 아동청소년 정신건강검진사업이 강화되면서 중증정신장애인 위주의 선별적이던 정신보건서비스가 전체 아동청소년의 정신건강 예방 및 증진을 위한 보편적 서비스로 그 대상이 확대되었다. 정신보건서비스 정착기의 특징은 최근 정부에서 추진하고 있는 정신건강증진 중심의 사전

예방적 정신건강정책을 통해 잘 나타나고 있다. 이러한 변화는 의료 및 입원 위주의 한국 정신보건서비스 분야에 지역사회 정신보건서비스의 확장을 통하여 중증 정신장애인뿐 아니라 일반인의 정신건강증진을 위한 정신보건서비스의 확충으로 장기적으로 균형 잡힌 정신보건서비스 전달체계가 형성되는 데 일조할 것으로 기대된다.

위에서 살펴본 정신보건서비스 정착기 동안의 정신보건서비스 전개 과정을 연표로 정리하면 〈표 III-8〉과 같다.

2) 정신보건서비스 정착기의 특성

(1) 재원

이 시기의 정신보건서비스 재원은 입원 및 의료서비스 분야에서의 국민건강보험 및 의료급여, 정신보건센터나 사회복귀시설 등의 지역사회 정신보건서비스를 위한 보조금을 지속적으로 유지하면서, 지역사회서비스 투자사업을 통해서 이용자 중심의 바우처 재원을 새롭게 도입하였다는 점이 특징이다. 즉 정신보건서비스 재원이 한층 더 다원화되었다. 또한 일반국민 사이의 우울증의 증가와 높은 자살률은 이제까지 중증정신질환 위주의 전통적 정신보건서비스를 넘어 일반국민의 정신건강 증진을 통한 정신질환의 예방사업에 관심을 돌리게 되었다. 이러한 국가적 관심의 전환은 관련 재원의 증가로 연결될 것이다. 정착기에도 중증 및 정신건강 증진을 위한 재정은 대부분 공공영역에서 제공되고 있다. 하지만 우울이나 경증 정신질환을 치료하기 위해서 개별적으로 비용을 부담하는 민간영역의 경우 통계치가 명확하게 잡히지는 않지만 일정부분 존재하고 있는 것으로 추정된다.

(2) 공급 기관 및 인력

중증 정신장애인을 대상으로 하는 서비스 공급기관 및 인력의 구성은 의사, 간호사, 정신보건사회복지사, 정신보건임상심리사 등으로 정착기와 유사하다. 이 시기에 특기할 만한 사항은 지역사회서비스 투자사업에 참가하는 기관들은 전통적인 병원이나 요양시설, 사회복귀시설 등과 더불어 새롭게 민간 상담센터, 사회복지관 등으로 다양해졌다는 점이다. 실제 지역사회서비스 투자사업을 통한 서비스 공급기관은 기존의 전통적인 서비스를 제공했던 사회복지관 등의 기관이 아니라 사회서비스센터 등의 새롭게 진입한 공급기관들도 있다. 이러한 변화는 이용자의 서비스 수요를 보장하는 이용자 중심의 재정지원이 공급기관 및 인력의 양적 확대를 가져오는 데 긍정적으로 기능할 수 있다는 점을 보여준다.

즉 현재 한국의 정신보건서비스는 ① 전통적 정신보건서비스와 ② 상대적으로 많지 않은 부분이지만 지역사회서비스 투자사업의 두 가지 특징을 동시에 가지고 있다. 먼저 전달체계상에서 전통적 정신보건서비스와 사회서비스적 정신보건서비스를 비교해보면, 〈그림 Ⅲ-1〉과 같이 나타낼 수 있다. 두 가지 서비스 모두 보건복지부에서 시행하고 있다는 공통점이 있다. 하지만 전통적 서비스는 중앙정신보건사업지원단 및 심의위원회와 지방 사업지원단 및 심의위원회와 중앙·지방 정부의 협력 하에서 운영되고, 사회서비스적 정신보건서비스는 중앙 및 지방의 사회서비스 관리센터, 지역사회 서비스 투자사업 지원단 및 중앙이나 지방정부의 협력 하에 운영이 된다는 특징이 있다.

그림 Ⅲ-1. 정신보건서비스 전달체계

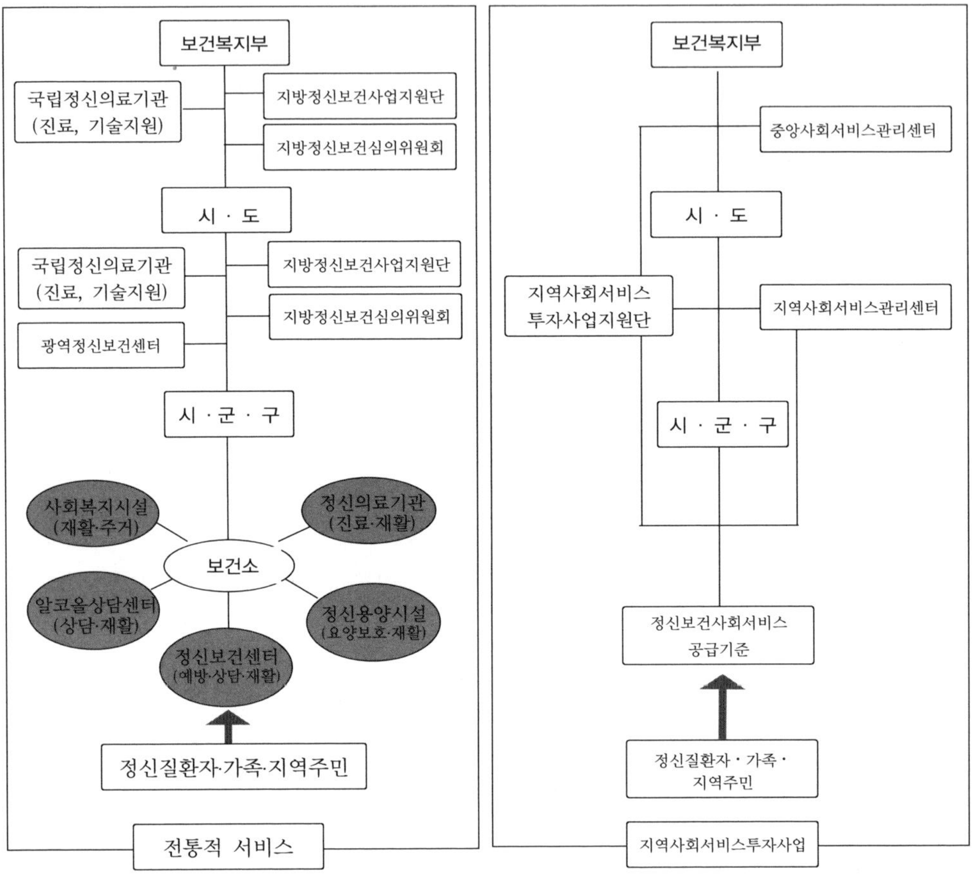

출처: 강상경(2008b)

(3) 대상

이전 단계인 발전기까지의 주된 정신보건서비스의 대상은 중증의 정신질환을 가진 정신장애인이었고 선별적이었다. 하지만 최근에 와서는 일반 국민들 사이의 우울 및 자살 문제, 아동청소년의 문제행동 등으로 정신보건서비스 대상이 확대되었다고 볼 수 있다. 아직까지 우울이나 자살예방을 목적으로 하는 서비스의 구체적 재원은 마련되지 않았지만 학계와 현장의 실무 전문가 및 소관 정부부처에서는 최소한 재원 마련 및 서비스 확충의 필요성에 공감대를 형성해가고 있다. 이러한 변화는 선별적으로 이루어져오던 정신보건서비스 대상자 선정이 시간이 갈수록 일반 국민의 정신건강 예방 및 증진을 목적으로 하는 보편적 성격으로 변해가고 있음을 의미한다.

〈표 III－9〉는 우리나라의 정신보건서비스의 현황을 전통적 정신보건서비스와 지역사회서비스 투자사업 정신보건서비스로 나누어서 정리한 것이다. 전통적 정신보건서비스의 주요 대상은 앞서 언급한 바와 같이 중증 정신장애인이다. 반면 최근 들어 특정 연령대나 전 국민 대상의 정기검진을 통하여 정신질환의 예방에도 관심이 증대되고 있지만, 대체로는 여전히 중증 정신장애인을 대상으로 서비스를 전달하고 있다. 전통적 정신보건서비스 공급기관으로는 정신의료기관, 사회복귀시설, 알코올 상담센터, 정신요양시설 및 정신보건센터 등이 있다. 반면 최근의 지역사회서비스 투자사업 정신보건서비스는 이러한 전통적 정신보건서비스에서 해결할 수 없는 사각지역의 욕구나 사회구조 변화에 따른 신 욕구를 주 대상으로 한다.

현재 진행되고 있는 503개의 지역사회서비스 투자사업 중에서 성인 정신장애인을 대상으로 하는 사업(정신장애인 토털케어서비스)은 서울, 대전 등의 지역에서 15개로 3.0%에 불과하다(2011년 4월 말 기준). 하지만 아동청소년의 ADHD 등의 문제행동과 관련한 서비스 사업은 전체 503개 사업 중에서 15.5%에 해당하는 78개[5]이다. 또한 해당 사업에 참여하고 있는 제공기관 수의 격차는 더 커서, 지역사회서비스 투자사업에 참여하고 있는 1,245개 제공기관 중에서 문제행

표 III-9. 우리나라 정신보건서비스 현황

분류	서비스 공급기관 및 대상	현황(수)
전통적 정신보건서비스 (2010년 기준)*	정신의료기관	1,273
	사회복귀시설	230
	알코올상담센터	41
	정신요양시설	59
	정신보건센터	157
지역사회서비스 투자사업 정신보건서비스(2011년 기준)**	성인 대상	15
	아동·청소년 대상	78

출처: *중앙정신보건사업지원단(2010), **보건복지부(2011b)

동아동 조기개입서비스와 정신장애인 토털케어서비스에 참여하고 있는 기관은 각각 759개(61.0%), 24개(1.9%)로 나타나고 있다.[5]

5. 요약: 우리나라 정신보건서비스 전개 과정

지금까지 우리나라 정신보건서비스의 전개 과정을 시대적으로 구분하여 살펴보았다. 〈그림 III-2〉에 나타난 것처럼 정신보건법 제정 및 시행 이전인 태동기 및 형성기의 특징은 중증정신장애인을 대상으로 하는 질병모델에 기반한 정신보건서비스로 대표된다. 이 시기의 정신보건서비스의 목표는 중증정신장애인의 증상완화 및 기능회복을 통한 치료 및 재활이 서비스의 주요 목표였고, 서비스는 전통

5. 지역별 문제행동아동 조기개입서비스 및 정신장애인 토털케어서비스 시행 현황

구 분		계	서울	부산	대구	인천	광주	대전	경기	강원	충북	충남	전북	전남	경북	경남(울산)	제주
문제행동 조기개입	사업	78	13	9	8	5	1	1	8	3	5	7	4	2	5	6	1
	기관	759	83	35	241	16	10	7	84	32	24	68	9	10	20	114	6
정신건강 토탈케어	사업	15	1	0	1	1	1	1	0	0	2	2	1	1	0	4	0
	기관	24	3	0	5	2	2	2	0	0	2	2	1	2	0	3	0

보건복지부, 2011b

그림 III-2. 요약: 한국의 정신보건서비스 전개 과정

	태동기, 형성기	발전기	정착기
	치료/재활사업 (선별주의적 접근: 위험군 대상)	예방사업 (선별주의적 접근: 위험군 대상)	성장모델: 증진사업 (보편주의적 접근: 전국민 대상)
정책목표	치료/재활	예방	증진
모델	질병모델	예방모델	성장모델
	선별주의적 접근 (문제중심 Perspective, 문제 해결 및 예방)		보편주의적 접근 (강점중심 Perspective, 강점강화를 통한 증진 및 예방)
대상	중증정신장애인	위험군	전 국민
	정신분열증, 알코올, 약물 등의 장애인	선별검사 결과 위험군, 취약계층, 자살생각자 등	전체 국민
서비스의 목표	치료 및 재활	선별/사전 개입	정신건강 증진
	증상 완화 및 기능 회복	지원-예방, 선별-중재서비스	안녕 및 행복감 증진
운영 (전달) 체계	전통적 전달체계	선별/사전 개입 전달체계	Community Organization적 운영체계
	병원, 지역사회정신보건기관, 상담센터	정신건강 조기검진사업 (학교, 병원, 복지관 등 관련기관)	전체 community resources

적인 전달체계인 병원이나 지역사회정신보건기관을 통해서 이루어졌다. 화살표가 계속 연결되어 있듯이 질병모델에 기반한 정신보건서비스는 예방모델이나 성장모델이 도입된 후에도 반드시 필요한 서비스다.

정신보건법이 제정된 이후에 해당하는 발전기 정신보건서비스의

특징은 태동기 및 형성기를 통해서 발달해온 전통적 정신보건전달체계 및 서비스의 질을 제고하려는 노력과 더불어, 중증정신장애나 자살을 미연에 방지하려는 예방적 정신보건서비스의 도입 및 확충으로 특징지어진다. 문제중심적 접근이라는 점에서 예방모델이기는 하지만 선별주의적 접근이 주를 이루고, 서비스의 대상도 선별검사결과 확인된 고위험군이나 취약계층, 자살위험군 등이 해당된다. 관련된 정신보건서비스의 목표도 예방, 선별 및 중재서비스가 주를 이룬다. 운영전달체계는 전통적인 정신보건서비스 전달기관들에 추가하여 정신건강 조기검진사업이 실시되는 일선 학교, 복지관, 병원 등이 추가된다.

최근 정신건강증진사업으로의 국가 정책기조의 전환을 계기로 우리나라 정신보건서비스의 전개방향은 성장모델에 입각한 전 국민을 대상으로 하는 정신건강 증진사업에 초점을 두는 것으로 변화할 것으로 예상된다. 그러므로 최근의 정신보건서비스의 전개 과정을 정착기로 명명하고, 그 특징을 보편주의적 성장모델에 입각한 정신보건서비스를 추구하는 것으로 정리하였다. 성장모델 관점에서 정신보건서비스의 대상은 전 국민이 되고, 정신보건서비스의 범위에는 국민의 안녕과 행복감을 증진하는 데 기여하는 모든 서비스가 포함된다. 정신보건서비스의 운영전달체계에 있어서도 전통적인 정신보건기관을 포함한 지역사회의 모든 유관기관이나 자원이 포함된다.

지금까지 살펴본 우리나라 정신보건의 전개 과정을 간략하게 요약하면 〈그림 III-2〉와 같다.

IV. 한국의 정신보건서비스 현황과 문제점

광의의 정신보건서비스는 중증 정신장애인에 대한 치료 및 재활 서비스와 일반인 대상의 정신장애 예방과 국민정신건강 증진과 관련된 서비스를 포함한다. 하지만 역사에서 살펴본 것처럼 한국의 정신보건서비스는 아직까지 정신건강 증진보다는 중증 정신장애의 치료 및 재활에 관한 서비스가 대부분이다. 18세 이상 65세 미만의 지역사회 거주자를 대상으로 한 정신질환 유병률 조사에 따르면 정신분열병, 정신분열형장애, 분열정동장애 등의 정신병적 장애 유병률은 0.5%, 주요우울장애, 양극성장애 등 기분장애 유병률은 6.2%로 나타났다(보건복지가족부, 2009a). 이러한 수치는 우리나라 인구를 5천만이라고 했을 때, 25만 명 정도가 정신병적 장애를 앓고 있고, 310만 명 정도가 기분장애로 고생하고 있다고 판단된다. 알코올이나 물질남용 장애까지를 포함하면 전 국민의 15% 정도가 정신장애로 고생하고 있고 그들로 인해 부정적 영향을 받고 있는 가족이나 주변인들까지를 생각하면, 정신장애 예방과 치료, 그리고 재활서비스의 중요성은 새삼 언급할 필요가 없다.

정신장애의 예방, 치료 및 재활을 위해서 필요한 정신보건서비스는 약물이나 입원 등의 의료서비스뿐 아니라 심리치료, 사회·직업재활, 가족지원 서비스 등 다양하다. 이러한 다양한 정신보건서비스는 크게는 병원에서 입원이나 외래를 통해서 이루어지는 의료서비스를 포함하며, 병원 이외의 사회복귀시설에서 담당하는 심리치료, 사회재활, 직업재활, 주거서비스 등의 지역사회서비스로 구성된다. 1995년 정신보건법이 제정되기 이전까지는 우리나라의 정신보건 분야에 있어서 지역사회서비스 영역은 거의 부재하였다. 또한 국민건강보험이나 의료급여가 의료체계 내에서 의료서비스 위주로 적용되기 때문에, 지역사회 정신보건서비스 분야에서의 공공영역의 비중은 거의 전무하였다. 즉 지역사회서비스의 대부분은 공공영역의 개입이 없이 민간공급자와 정신장애 당사자나 가족들 간의 민간영역에서 이루어졌다.

이 책에서 살펴본 한국의 정신보건서비스의 역사적 전개 과정은 한 마디로 요약하면 정신보건서비스 분야에서의 공공영역의 비중 확대의 역사이자 지역사회 정신보건서비스 확충의 역사이다. 지금까지 정신장애인 당사자 및 가족은 물론이거니와 정신보건영역 종사자들의 통합적 노력으로 정신보건법 제정 이후의 한국의 정신보건의 역사는 짧지만 단기간에 압축적 성장을 이루었고, 불과 십수 년 만에 지역사회 정신보건체제로의 전환이 급속도로 진행되었다. 하지만 아직까지 한국의 정신보건서비스는 몇 가지 시급하게 해결해야 할 과제를 안고 있다. 이 절에서는 우리나라 정신보건서비스의 발전방향을 고찰하기 위한 전 단계로, 지금까지 살펴본 역사의 결과라고 할 수 있는 한국의 정신보건서비스의 현황 및 문제점을 본 연구에서 사용한 분석틀의 주요 요소들인 공급기관, 인력, 재원을 중심으로 살펴본다.

1. 정신보건서비스 공급기관의 현황 및 문제점

1) 입원·입소 서비스 공급기관 위주

〈그림 Ⅳ-1〉은 2010년 12월 현재 우리나라 정신보건서비스 공급기관의 유형별 시설 현황과 문제점을 정리한 것이다. 우리나라 정신보건서비스 공급기관은 정신의료기관이나 정신요양시설 등의 입원·입소 서비스 제공기관들과 사회복귀시설이나 정신보건센터 등의 지역사회재활서비스 제공기관으로 분류할 수 있다. 〈그림 Ⅳ-1〉에 정리된 것처럼 정신의료기관이 1,273개소로 공급기관 중 가장 많았다. 병원은 아니지만 입소시설인 정신요양시설도 59개소 있었다. 병원과 정신요양시설을 합하여 입원·입소 서비스 제공기관이 총 1,332

그림 Ⅳ-1. 공급기관 현황 및 문제점

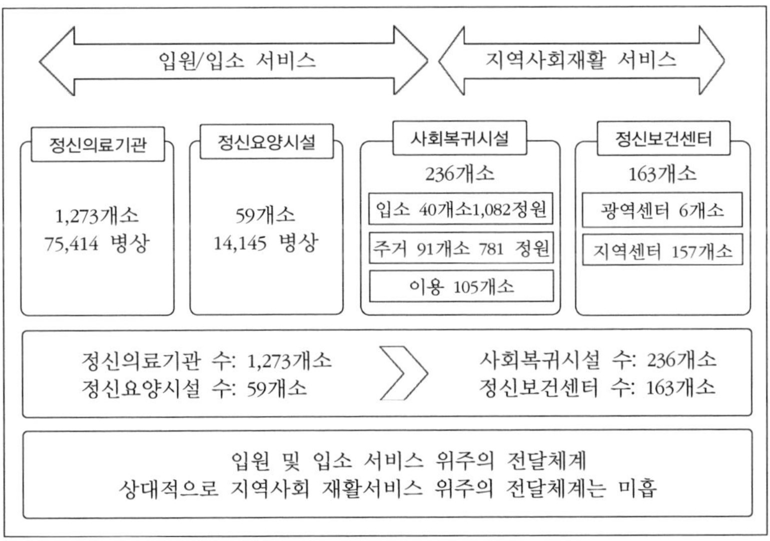

출처: 보건복지부(2011a)

개소로 나타났다. 이에 반해 사회복귀시설이 236개소, 정신보건센터가 163개소로 지역사회재활서비스 공급기관의 수는 총 399개소로 나타났다. 이러한 통계는 수용인원을 고려하지 않고 전체적인 공급기관의 수만을 고려할 때, 총 1,731개소의 중증장애인 서비스 공급기관 중에서 지역사회 재활서비스 제공기관은 399개소로 전체 공급기관 수의 25%에도 미치지 못하고 있다. 이러한 수치들은 지역사회 정신보건을 지향하는 현재에도 한국의 정신보건서비스는 입원 및 입소 위주의 공급기관들이 여전히 많고, 지역사회 정신보건서비스를 담당하는 공급기관은 상대적으로 부족하다는 것을 보여준다.

2) 낮은 지역사회 주거서비스 공급

지역사회 정신보건서비스를 원활하게 제공하려면 정신장애인들이 지역사회에서 생활할 수 있는 기반시설이 확보되어야 한다. 이러한 지역사회 인프라에는 정신보건센터나 사회복귀시설 등의 지역사회 정신보건서비스 공급기관과 더불어 정신장애인을 위한 지역사회 주거시설이 반드시 필요하다. 정신장애인은 지역사회에서 독립적으로 생활할 수 있는 기능이 저하되어 있는 경우가 많다. 따라서 정신장애인이 지역사회에서 정상화를 지향하는 지역사회서비스를 받을 수 있는 전제조건은 주거시설이다.

하지만 우리나라는 지역사회 거주시설이 없는 지역이 전체 시·도의 약 70%에 달하고 있어 지역사회 주거서비스가 턱없이 부족한 실정이다. 〈표 IV−1〉은 시·도별로 입소시설과 주거시설을 정리하고, 주거시설이 없는 곳을 나타낸 것이다. 표에서 보는 것처럼 전국의 지역사회 거주시설은 입소시설이 총 34개소, 주거시설이 총 88개소가 있는 것으로 나타났다. 하지만 행정구역상 230개 시·군·구 중 거주시설(입소 또는 주거)이 없는 시·군·구가 159개 지역(69.1%)에 달하는 것으로 나타났다.

표 IV-1. 시·도별 거주시설 현황

시·도	입소시설이 있는 시·군·구(31개)	주거시설이 있는 시·군·구(48개)	거주(입소 또는 주거)시설이 없는 시·군·구(159개)
서울 (19/25)*	도봉구(2), 마포구, 강동구**	강북구, 종로구(2), 용산구, 광진구(4), 성북구, 도봉구(2), 노원구(4), 은평구(2), 서대문구(3), 양천구(3), 강서구(5), 구로구(3), 금천구(2), 동작구(2), 관악구(5), 송파구, 마포구, 중랑구	성동구, 중구, 영등포구, 강남구, 동대문구, 서초구(총6개)
부산 (3/16)	서구, 사상구	남구(2)	부산진구, 금정구, 연제구, 영도구, 동래구, 동구, 중구, 해운대구, 기장군, 북구, 사하구, 수영구, 강서구(총13개)
대구 (3/8)	남구	달서구, 달성군	서구, 수성구, 중구, 동구, 북구 (총5개)
인천 (3/10)		남구, 부평구, 강화군	중구, 동구, 남동구, 계양구, 서구, 옹진군 연수구(총7개)
광주 (2/5)	북구	동구	서구, 남구, 광산구(총3개)
대전 (3/5)	서구, 유성구, 중구	서구(4)	동구, 대덕구(총2개)
울산 (0/5)			중구, 남구, 울주군, 북구, 동구(총5개)
경기 (8/31)	화성시, 고양시 평택시	성남시(2), 화성시(2), 용인시(2), 오산시(2), 남양주시, 수원시	부천시, 안양시, 안산시, 구리시, 군포시, 의왕시, 광주시, 이천시, 시흥시, 의정부시, 동두천시, 과천시, 김포시, 광명시, 안성시, 양주시, 파주시, 가평군, 여주군, 양평군, 연천군, 하남시, 포천시(총23개)
강원 (4/18)	강릉시	춘천시(2), 원주시, 동해시	태백시, 홍천군, 횡성군, 속초시, 삼척시, 영월군, 평창군, 정선군, 철원군, 화천군, 고성군, 양양군, 양주군, 인제군(총14개)
충북 (3/12)	충주시, 청원군	청원군(3), 괴산군	청주시, 제천시, 보은군, 옥천군, 진천군, 단양군, 영동군, 음성군, 증평군(총9개)
충남 (6/16)	논산시, 연기군 아산시(2), 홍성군	천안시(4), 부여군(2)	금산군, 서천군, 태안군, 청양군, 예산군, 당진군, 공주시, 보령시, 서산시, 계룡시 (총10개)

전북 (7/14)	전주시(2), 익산시, 김제시, 군산시, 진안군, 임실군	익산시, 군산시, 장수군	정읍시, 부안군, 무주군, 고창군, 순창군, 완주군, 남원시(총7개)
전남 (2/22)	영광군	영광군, 여수시	목포시, 장흥군, 광양시, 나주시, 곡성군, 장성군, 해남군, 완도군, 진도군, 신안군, 보성군, 화순군, 강진군, 담양군, 구례군, 고흥군, 영암군, 무안군, 함평군, 순천시(총20개)
경북 (6/23)	김천시, 칠곡군	경산시, 청도군, 성주군, 안동시	구미시, 고령군, 포항시, 상주시, 울진군, 울릉군, 예천군, 문경시, 군위군, 의성군, 청송군, 봉화군, 영양군, 영천시, 영덕군, 경주시, 영주시(총17개)
경남 (2/18)	고성군, 양산시		창원시, 통영시, 김해시, 의령군, 함안군, 함양군, 진해시, 사천시, 거제시, 마산시, 창녕군, 남해군, 하동군, 산청군, 거창군, 합천군, 밀양시, 진주시 (총16개)
제주 (0/2)			제주시, 서귀포시(총2개)
소계 (71/230)	입소시설 (총 34개소)	주거시설 (총 88개소)	

주: *거주(입소 또는 주거) 시설이 있는 시·군·구 수/해당 시·도의 전체 시·군·구 수
**해당 시설의 2개소 이상 있는 시·군·구의 경우에는 숫자로 표시함.
출처: 보건복지부(2011a)

〈그림 IV−2〉는 시·도별 시·군·구 대비 거주시설 미설치 비율을 표시한 것이다. 주거시설이 하나도 없는 행정구역이 100%이고 수치가 낮을수록 주거시설 설치비율이 높은 것을 나타낸다. 그림에서 나타난 것처럼 시·군·구 대비 거주시설이 확보되지 않은 시·도는 울산과 제주이며, 가장 많이 설치된 곳은 서울로 나타났다. 이러한 수치는 주거시설 미확충의 문제와 더불어 주거시설의 지역간 불균형 현상을 나타내고 있다.

그림 IV-2. 시·도별 거주시설 미설치 비율

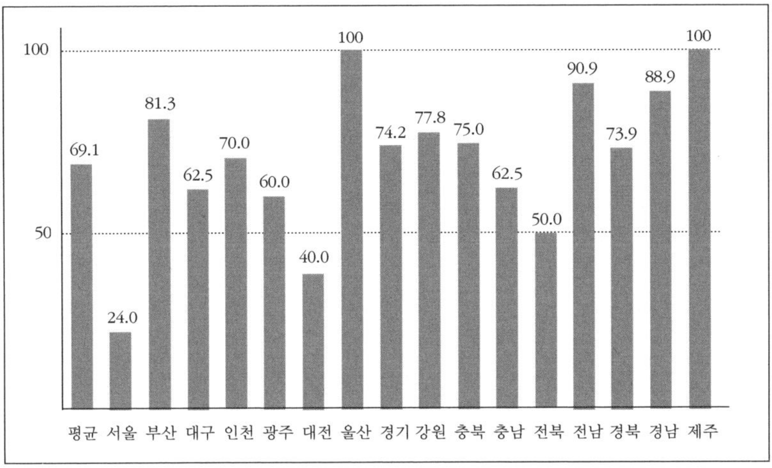

출처: 보건복지부(2011a)

3) 주간재활 프로그램 기관 및 이용자 현황

지역사회 정신보건을 성공적으로 수행하려면 주간재활 프로그램을 통한 서비스 공급이 필요하다. 〈표 IV-2〉는 시·도별 주간재활 프로그램 공급기관 및 인구 10만 명당 이용자 수를 정리한 것이다. 주간재활 프로그램은 주로 사회복귀시설이나 정신보건센터를 통해서 제공되는 것으로 파악된다. 하지만 주간재활서비스 이용자 수가 상당히 낮은 수준이고, 시·도별 불균등 현상이 나타나고 있다.

4) 서비스 공급기관의 문제점

지금까지 우리나라 정신보건서비스 공급기관의 현황에 대해서 살펴보았다. 현황에서 살펴본 것처럼 우리나라 정신보건서비스는 다음과 같은 당면한 문제점들을 가지고 있다. 첫째, 우리나라 정신보건법상에서는 지역사회 정신보건을 지향하고 있지만, 공급기관들이

표 Ⅳ-2. 주간재활서비스 공급기관 및 시·도별 인구 10만 명당 이용자 수 (단위: 명, %)

구분	계		국립 정신병원		공립 정신병원		사립 정신병원		종합병원 정신과		병원 정신과		정신과 의원		사회복귀 시설		정신보건센터			
																	표준형		기본형	
	개소	이용자	개소	이용자	개소	이용자	개소	이용자	개소	이용자	개소	이용자	개소	이용자	개소	이용자	개소	이용자	개소	이용자
총계	397	2,891	2	61	4	39	13	12	20	54	2	13	19	166	105	1,057	148	1,385	46	–
서울	70	843	1	–	1	3	1	158	6	64	–	–	6	79	28	350	23	152	–	13
부산	29	818	–	–	1	–	5	–	2	9	–	213	–	–	10	268	8	289	1	–
대구	25	604	–	–	–	–	1	7	2	–	2	–	–	–	10	124	8	360	–	–
인천	17	701	–	–	–	–	1	35	–	–	–	5	–	44	4	224	9	163	–	–
광주	19	740	–	–	1	–	2	–	–	8	–	–	2	–	6	368	5	125	–	55
대전	15	169	–	–	–	–	–	1	1	–	–	–	–	–	6	18	3	90	2	–
울산	6	2,052	–	–	–	–	–	12	–	38	–	–	–	146	2	385	3	1,164	–	–
경기	52	671	–	–	–	–	1	–	3	9	–	–	5	31	9	30	29	220	–	321
강원	25	522	–	–	–	–	–	75	2	–	–	15	1	49	2	130	5	147	13	67
충북	17	553	–	–	–	–	–	–	–	15	–	–	–	1	5	–	7	344	4	143
충남	18	762		–	–	2	–	–	1	22	–	–	1	73	–	280	9	241	5	92
전북	33	647	–	37	1	–	–	–	2	–	–	–	4	–	11	28	7	375	6	184
전남	22	662	1	–	–	–	–	14	–	–	–	–	–	–	1	122	10	334	8	151
경북	22	757	–	–	–	–	1	31	–	–	–	–	–	–	6	79	9	505	4	76
경남	21	248	–	–	–	–	1	–	–	6	–	–	–	–	3	80	11	147	3	–
제주	6		–		–		–		1		–		–		2		2		–	

출처: 보건복지부(2011a)

아직까지는 입원·입소 서비스 위주의 서비스 공급체계이고, 상대적으로 지역사회 재활서비스 공급기관의 확충은 부족한 편이다. 둘째, 원활한 지역사회 정신보건서비스의 생산 및 공급을 위해서는 정신장애인들이 지역사회에서 생활할 수 있는 주거시설이 필요하다. 하지만 아직까지 우리나라 정신보건 공급기관의 구조는 지역사회 정신보건서비스 공급체계 형성을 가능하게 하는 중증 정신장애인을 위한 주거서비스 공급기관들이 부족한 상황이다. 셋째, 지역사회 정신보건서비스는 지역사회의 주간재활 프로그램을 운영하는 공급기관들에 의해서 주로 전달된다. 하지만 아직까지 우리나라는 주간재활 프로그램이나 낮병원 등의 지역사회 서비스 공급 인프라가 부족한 상황이다. 넷째, 정신보건서비스의 질 향상을 위해서는 공급 기관과 인력에 대한 체계적인 관리체계의 형성이 우선되어야 한다. 하지만 아직 우리나라 정신보건서비스 분야는 공급기관의 최소기준이나 기관의 질 관리를 위한 인증제도 등의 기관관리에 대한 통합적 질차가 마련되어 있지 않아서 공급기관에 대한 표준화된 질 관리가 미흡한 상황이다. 지속가능하고 순기능적인 정신보건서비스 발전을 위해서는 이러한 문제의 원인에 대해서 분석을 하고 대안을 마련할 필요가 있다.

2. 서비스 제공인력의 현황 및 문제점

1) 정신보건서비스 제공인력 현황: OECD 국가간 비교

〈표 IV－3〉은 2005년 현재 인구 10만 명당 정신보건 인력 현황에 대해서 한국을 포함한 OECD 국가 간의 비교 수치를 정리한 것이다. 표에서 나타난 것처럼 우리나라의 정신보건서비스 제공인력 규모는 정신과 의사, 정신보건간호사, 정신보건임상심리사, 정신보건사회복지사 등의 모든 직역에서 OECD 국가 가운데 하위권을 나타내고 있다. 우리나라의 정신과 의사는 인구 10만 명당 3.5명으로 터키, 영국에 이어서 OECD 국가 중 최하위권이다. 정신보건간호사는 10.1명으로 그리스, 스페인, 터키, 미국에 이은 다섯 번째로 낮은 순위를 기록하고 있다. 정신보건임상심리사의 경우는 상황이 더 열악하다. 우리나라 정신보건임상심리사는 인구 10만 명당 0.8명으로 OECD 국가 중 최하위를 기록하고 있다. 정신보건사회복지사의 경우도 상황은 비슷하여 인구 10만 명당 2.6명으로 폴란드, 포르투갈, 터키에

표 IV-3. 인구 10만 명당 정신보건 인력 현황: OECD 국가 간 비교 (단위: 명)

국가명	정신과 의사	정신보건 간호사	정신보건 임상심리사	정신보건 사회복지사
호주	14.0	53.0	5.0	5.0
오스트리아	11.8	37.8	49.0	103.4
캐나다	12.0	44.0	35.0	–
덴마크	16.0	59.0	85.0	7.0
핀란드	22.0	180.0	79.0	150.0
프랑스	22.0	98.0	5.0	–
독일	11.8	52.0	51.5	477.0
그리스	15.0	3.0	14.0	56.0
아일랜드	6.8	136.0	12.7	47.7
이탈리아	9.8	32.9	3.2	6.4
일본	9.4	59.0	7.0	15.7
한국	3.5	10.1	0.8	2.6
네덜란드	9.0	99.0	28.0	176.0
뉴질랜드	6.6	74.0	28.0	–
폴란드	6.0	18.4	3.4	0.6
포르투갈	4.7	10.1	2.0	1.6
스페인	3.6	4.2	1.9	–
스웨덴	20.0	32.0	76.0	–
스위스	23.0	46.0	40.8	106.0
터키	1.0	3.0	1.0	1.0
영국	1.0	104.0	9.0	8.0
미국	13.7	6.5	31.1	35.3

출처: 보건복지부(2011a)

이어 하위권을 기록하고 있다.

OECD 국가들과의 비교에서 정신보건서비스 제공인력 수가 상대적으로 하위권이라는 의미는 무엇일까? 정치·경제·사회적 상황이 비교적 유사한 OECD 국가들에서는 주요 정신질환의 유병률 또한 유사하게 나타난다. 즉 정신분열증과 같은 중증 정신장애들은 인구의 약 1% 정도이고 우울증과 같은 기분장애는 15~20% 정도의 유병률을 나타내는 것이 일반적이며, 한국의 유병률 조사에서도 비슷한 수치를 보여주고 있다. 그런데 OECD 국가 중에서 인구 10만 명당 정신보건서비스 제공인력이 하위권이라는 의미는 정신건강의 위험은 다른 OECD 국가들과 비슷한 수준인데도 불구하고 정신건강을 위한 예방·치료·재활 인력이 상대적으로 부족하다는 것을 의미한다. 즉 국가적 차원의 정신건강에 대한 대처나 대응 수준이 상대적으로 낮다는 것을 보여주는 것이다.

2) 우리나라 정신보건서비스 제공인력 현황 및 분포

앞서 논의한 것처럼 총인구 대비 정신보건서비스 제공인력이 OECD 국가 중에서 최하위권임을 살펴보았다. 이는 우리나라 정신보건서비스 제공인력이 정신건강의 위험수준에 비해서 절대적으로 부족하다는 것을 반증한다. 제공인력의 절대적인 부족 문제와 함께 또 다른 문제는 제공인력의 분포가 의사 및 간호사 등의 의료서비스 제공자 중심으로 되어 있다는 점이다. 〈표 III－6〉에서처럼 2009년 현재 우리나라 정신보건서비스 공급기관에서 일하는 종자자는 정신과 의사 3,202명(전문의 2,527명, 전공의 675명), 간호사 6,361명, 간호조무사 4,119명, 사회복지사 2,915명, 임상심리사 542명으로 총 17,139명이다. 종사자의 수를 보면, 전통적 정신보건 전문인력인 의사 및 간호사 직역의 비율이 약 80%에 달하고 있어서, 아직까지 사회복지사나 심리사 등 지역사회 정신보건서비스 공급체계에서 필요한 전문인력의 확충이 미흡한 상황이다.

또한 총 17,139명의 정신보건서비스 제공인력의 기관별 분포를 살펴보면 의료기관에 14,156명, 정신요양시설에 1,127명, 기타 지역사회서비스 제공기관에 1,856명이 종사하고 있어서 전체적으로 약

90%의 인력이 의료기관이나 정신요양시설에 근무하고 있는 것으로 나타난다. 이러한 인력 현황 및 분포는 우리나라 정신보건서비스가 아직까지는 의료중심으로 이루어지고 있고, 지역사회 정신보건서비스는 상대적으로 미약하다는 점을 보여주는 것이다.

3) 서비스 공급인력의 문제점

적정수준의 공급기관의 수와 분포, 일정 정도의 정신보건서비스 공급인력은 성공적인 정신보건서비스의 전달을 위해서 필수적이다. 하지만 우리나라의 정신보건서비스 공급인력은 정신보건법상에서 지향하고 있는 지역사회 정신보건의 이념을 실현하기에는 몇 가지 문제가 있다. 정신보건서비스 공급인력상에 나타나는 문제를 정리하면 다음과 같다.

첫째, 우리나라는 OECD 국가들에 비해서 정신과 의사, 간호사, 정신보건사회복지사, 정신보건임상심리사 등의 전문가가 절대적으로 부족한 상황이다. 인구 대비 부족한 정신보건서비스 제공인력은 종사자들의 과도한 업무나 비효율의 주 원인이 될 수 있다.

둘째, 직역 및 기관별 분포를 통해서 살펴본 것처럼, 입원·입소서비스 위주로 공급인력이 분포되어 있고, 상대적으로 지역사회재활서비스 제공인력은 부족한 상황이다. 절대적인 서비스 제공인력의 부족과 더불어 이러한 제공인력의 불균형적인 분포는 정신보건법이 지향하고 있는 지역사회 정신보건을 순조롭게 진행하는 데 역기능적으로 작용할 우려가 있다. 지속가능하고 순기능적인 정신보건서비스 발전을 위해서는 이러한 의료 및 기타 인력의 불균형적인 분포 문제의 원인을 분석하고 대안을 마련할 필요가 있다.

3. 정신보건서비스 재원과 관리체계의 현황 및 문제점

1) 정신보건 재원의 현황 및 문제점

(1) 절대적인 정신보건 재원 부족

세계보건기구(WHO)가 권고하고 있는 보건예산 대비 정신보건예산의 비율은 약 5~15% 수준이다(보건복지부, 2011a). 이러한 권고는 전체 건강영역에서 정신건강 분야가 차지하는 적정비율이 대략 이 정도 수준이라는 점을 시사한다. 하지만 한국의 정신보건예산 비율은 약 3%로 OECD 국가 중 하위권에 속한다(보건복지부, 2011a). 이는 한국에서 정신보건에 대한 인식이 아직도 부족하고 이로 인하여 정신건강의 예방·치료·재활·증진을 위해서 필요한 서비스를 제공하기에는 절대적으로 예산이 부족하다는 점을 시사한다.

(2) 재원조달 현황 및 문제점: 통합적 재정체계의 부족

〈그림 Ⅳ-3〉은 우리나라의 정신보건 재정체계를 도식적으로 표현한 것이다. 그림에 나타난 것처럼 우리나라의 정신보건 재원 조달은 건강증진기금, 국고보조, 지방비, 국민건강보험, 의료급여 등으로 다양하게 나타나 통합적 재정체계가 부재한 실정이다. 또한 건강증진기금이나 지방비 등의 보조금 형식을 통한 공급자 지원방식의 예산은 주로 지역사회 정신보건서비스 분야로 지출되고, 국민건강보험이나 의료급여 등의 이용자 지원방식의 예산은 주로 입원·의료서비스 분야로 지출되고 있다. 이러한 불균형적인 재정지원 방식은 정신장애인의 입원·의료 서비스의 수요를 증가시키는 반면, 지역사회 정신보건서비스에 대한 수요는 억제하는 기제로 작용해서 지역사회 정신보건서비스 공급체계의 형성을 저해하는 요소로 작용할 우려가 있다. 실제 이러한 재정체계가 위에서 살펴본 공급기관이나

그림 IV-3. 한국의 정신보건 재정체계

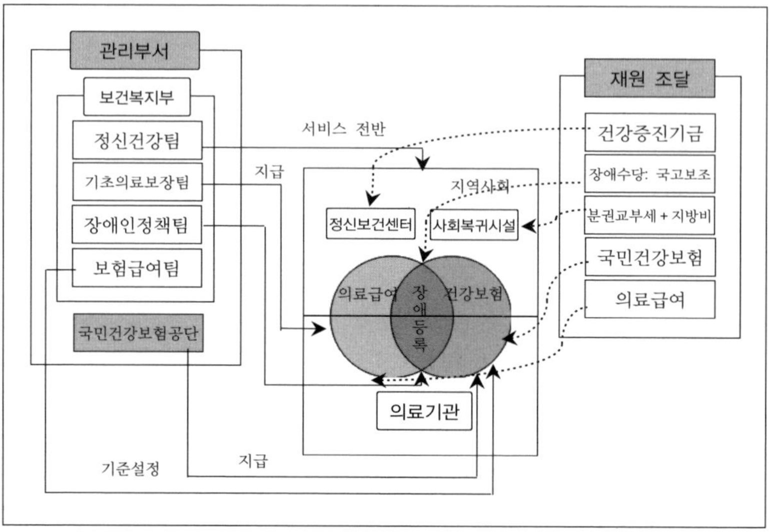

출처: 보건복지부(2011a)

공급인력이 의료 및 입원 위주로 분포하는 것의 주된 원인이 되는 것으로 해석된다.

2) 정신보건 관리체계의 현황 및 문제점

(1) 통합적 관리체계 부재

우리나라 정신보건의 관리체계는 주로 보건복지부에서 담당하고 있으나 아동정신건강은 여성가족부에서, 학생들의 정신건강은 교육과학기술부에서 담당하는 등 정신보건에 관한 통합적 관리체계가 부재한 실정이다. 이러한 통합적 관리체계의 부재현상은 관리 근거가 되는 법체계상의 통합성이 떨어지는 것이 원인으로 해석된다. 예를 들어 정신보건법과 장애인복지법 간의 통합성의 미흡으로 정신장애인은 장애인복지법의 적용을 받는 것에 한계가 있는 구조로 되어 있다. 다시 말해 장애인복지법 2조에는 장애인에는 정신장애도 장애에 포함되는 것으로 규정되어 있으나, 장애인복지법 15조에는 정신보건법에 적용되는 장애인은 장애인복지법 대상에서 제외가 가능하다고 규정하고 있다. 이러한 이유로 최근에 시행된 장애인 돌봄 및 활동지원서비스의 근거가 되는 장애인장기요양보장제도에서 정신장애인은 구조적으로 제외되는 기현상이 나타나고 있다. 즉 정부 부처 간 정신장애인과 관련한 통합된 관리체계가 미흡한 실정이다.

(2) 관리체계 현황 및 문제점: 통합적 행정 및 법체계 부족

〈그림 IV-3〉에 나타난 것처럼 보건복지부 내에서조차도 성인 중증 정신장애인에 대한 주된 업무를 정신보건정책과에서 담당하지만 아동청소년 정신보건서비스는 사회서비스사업과나 장애인정책과에서 담당하는 등 통합적 관리체계가 미흡하다. 성인 중증 정신장애인을 위한 서비스에서도 정책이나 재원에 대한 기본적 기준설정을 담당하는 부서와 실재 재원을 지급하는 부서가 달라서 분절적 관리체계를 나타내고 있다. 또한 앞에서 언급한 것처럼 법체계상에서도 장애인복지법의 정신장애인도 장애인 서비스 이용이 가능함에도 불구하고, 장애인복지법 제15조에 의해 장애인장기요양보장제도 등의 제반 장애인 관련 제도나 서비스 수혜대상에서 정신장애인이 구조적으로 배제되는 구조로 되어 있다. 효과적인 정신보건서비스의 생산 및 공급을 위해서는 현재 분절적으로 되어 있는 관리체계 및 법체계를 통합적으로 개선해 나갈 필요가 있다.

4. 공급기관·인력·재정·관리 체계의 결과로 나타나는 문제점

지금까지 우리나라 정신보건의 역사적 전개 과정을 고찰하는 분석틀의 주요 요소인 공급기관, 공급인력, 재정 및 관리체계의 현황과 문제점을 살펴보았다. 그동안 우리나라의 정신보건서비스는 역사적 전개 과정에서 꾸준하게 지역사회 정신보건을 실현하는 방향으로 발전을 거듭해왔지만 현황에서 살펴본 것처럼 절대적으로 또는 다른 OECD 국가와 대비하여 상대적으로 많은 문제점을 안고 있다. 현황 및 문제점의 주된 결론은 우리나라가 지역사회 정신보건을 지향하고 있으면서도 아직까지 서비스 현실에서는 공급기관이나 공급인력이 의료 및 입원 위주로 이루어져 있다는 점이다. 이러한 현상은 국민건강보험이나 의료급여 등의 안정적인 재원이 의료 및 입원 위주의 서비스를 지원하는 반면, 상담이나 재활 등의 지역사회서비스 재원으로 사용되는 데는 한계가 있다는 점을 보여주는 것이다. 더구나 재정체계 및 관리체계의 통합성도 낮아 입원 및 의료 위주의 서비스 제공 경향은 다음과 같은 문제점들을 유발하고 있다.

1) 높은 입원율

앞에서 언급한 것처럼 우리나라는 입원 위주의 재정체계 및 관리체계가 유지되고 있어서 정신과 입원비 비중 및 부담이 상대적으로 매우 높은 편이다. 2009년 현재 우리나라 전체 정신과 진료비는 1조 7,102억 원이며, 이 중 입원진료비는 1조 1,131억 원이고, 외래 정신과 진료비가 5,971억 원으로 전체 정신과 진료비의 약 65%가 입원비용인 것으로 파악된다(보건복지부, 2011a).

2) 장기 입원

공급 기관 및 인력의 입원서비스 위주 분포는 장기 입원 현상으로 연결된다. 〈표 Ⅳ-4〉는 연도에 따른 기관별 재원기간 분포를 정리한 것이다. 2010년 현재 정신의료기관의 평균입원기간은 5개월 16일이고 정신요양시설의 평균 입소기간은 9년 4개월로 조사되어 중증 정신장애인에 대한 장기 입원 현상이 나타난다(보건복지부, 2011a). 이는 OECD 국가 중에서 가장 높다. 장기입원현상과 관련해서 또 다른 문제점은 2000년 이후 조금이나마 감소하는 경향을 보이던 재원기간이 2008년 이후에 다시 증가하고 있다는 점이다. 이는 정신보건법상에 나타난 지역사회 정신보건의 이념을 실현하기에는 재원구조 및 서비스 공급구조가 입원 위주로 이루어져 있어서 여전히 한계가 있다는 점을 시사한다.

표 Ⅳ-4. 평균 재원기간 분포

연도		2000	2005	2010
총계		277(9개월 7일)	267(8개월 27일)	248(8개월 8일)
정신의료기관	소 계	166(5개월 16일)	159(5개월 9일)	166(5개월 16일)
	국립정신병원	142(4개월 22일)	89(2개월 29일)	153(5개월 3일)
	공립정신병원	207(6개월 27일)	240(8개월)	248(8개월 8일)
	사립정신병원	220(7개월 10일)	264(8개월 24일)	252(8개월 12일)
	종합병원 정신과	80(2개월 20일)	75(2개월 15일)	71(2개월 11일)
	병원정신과	231(7개월 21일)	165(5개월 15일)	150(5개월)
	정신과의원	75(2개월 15일)	74(2개월 14일)	99(3개월 9일)
정신요양시설		2,787(7년 8개월 27일)	2,867(7년 10개월 12일)	3,364(9년 4개월 4일)

출처: 보건복지부(2011a)

3) 높은 미개입률

부족한 정신건강서비스 재원과 통합적 관리체계의 부족은 정신장애가 있음에도 서비스를 받지 못하는 미개입률을 높이는 원인으로 작용할 수 있다. 정신질환 추정환자 수를 전 국민의 1%로 보았을 때, 2010년 말 현재, 지역사회 등록관리자(정신보건센터, 보건소, 낮병원, 사회복귀시설, 알코올상담센터, 노숙인정신보건사업)는 76,874명으로 18.1%이며, 정신의료기관 입원자는 63,671명으로 15.0%, 정신요양시설 입소자는 11,611명으로 2.7%이다(보건복지부, 2011a). 즉 미개입 상태로 방치되어 있거나 개입이 불필요한 경우는 273,363명으로 미개입률이 64.2%인 것으로 나타난다. 또한 치료를 받고 있는 중증 정신질환자 중 약 50%에 해당하는 75,282명이 정신의료기관에 입원해 있거나 정신요양시설 입소자로 나타나 입원 및 요양보호를 통한 개입비율이 상대적으로 매우 높게 나타나고 있다.

4) 높은 지역사회서비스 미충족률

일반적으로 우리나라와 같은 산업화한 국가들에서 나타나는 중증 정신질환자 수는 전 국민의 1% 정도로 약 48만 명이 중증정신질환 장애인인 것으로 추정된다. 위에서 살펴본 높은 미개입률에서 알 수 있듯이 중증 정신장애인 서비스에 대한 미충족 수요 또한 상당히 높다. 등록정신장애인을 대상으로 한 조사에서 증상 및 약물관리, 상담서비스, 사회적응훈련 등의 기본적인 치료 및 재활 서비스는 물론, 직업재활관련 서비스, 시설 및 주거관련 서비스, 운송 등의 보조적 서비스를 포함한 지역사회 정신보건서비스에 대한 미충족 욕구가 있는 것으로 나타났다(기획예산처, 2008). 〈표 IV－5〉는 등록 정신장애인들이 응답한 미충족 수요의 비율을 정리한 것이다.

표 IV-5. 등록 정신장애인의 서비스 미충족 수요

서비스	서비스 내용	미충족 수요(%)
증상/약물관리	병식훈련, 약 복용 확인	30.2
상담서비스	개별상담, 집단상담	29.9
사회적응훈련	여가활용, 취미기술, 사회기술훈련	21.3
직업기술훈련	취업을 위한 직업기술훈련 서비스	23.0
직장정보제공	지역사회 직장에 대한 정보와 연결	22.7
지업저응훈련	면접준비, 직장 내 인간관계 훈련	19.9
보호작업장	보호작업장 서비스	11.8
단기시설보호	단기시설보호 서비스	11.8
공동생활가정	그룹홈 등 소규모 주거서비스	8.4
사회복귀입소	정원 50명 이하의 지역사회 입소시설	8.4
운송	교통 및 이동에 필요한 지원서비스	15.2
정보제공	공공부조, 지역사회 정신보건기관 안내	23.2
도우미	청소, 취사, 세탁 등의 가사지원	21.3

출처: 보건복지부(2011a)

5. 공공 및 민간 부문 비율현황

정신보건서비스 분야에서 민간부문과 공공부문을 명확하게 구분하는 것은 한계가 있다. 특히 우리나라 정신보건서비스 중 특히 중증 정신장애인을 위한 재원은 대부분 정부에서 지원되는 공공부문임에 비해서, 공급기관은 대부분 민간으로 구성된 기현상을 보여주고 있다. 예를 들어 정신보건서비스 전달을 담당하는 기관들인 정신요양시설, 사회복귀시설, 정신보건센터 등의 주체는 민간이다. 하지만 이들 민간기관의 운영비는 대부분 정부보조금 형식으로 지원되고 있어서 재원은 공공분야 성격이 강하다.

우리나라 정신보건서비스의 공공부문의 비율과 민간부문의 비율을 간접적으로나마 살펴보려면 공급기관들 중 공공기관의 비율과 민간

그림 IV-4. 한국의 민간정신병원과 공공정신병원 수의 변화 추이

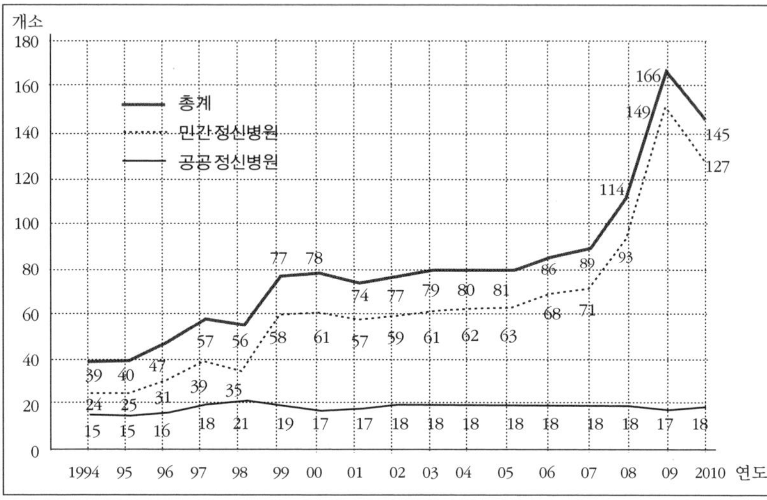

출처: 보건복지부(2011a)

기관의 비율을 살펴보는 것이 도움이 된다. 〈그림 IV-4〉는 1994년부터 2010년까지 한국의 민간정신병원과 공공정신병원 수의 변화 추이를 정리한 것이다. 2010년 현재 총 145개 정신병원 중에서 127개가 민간정신병원이고 18개만 공공정신병원으로 나타나 공공의 비율이 12.4%였다. 이는 미국에서 Welfare Reform 이후 공공병원 비율이 25% 수준이었음을 감안할 때 우리나라의 정신병원 중 공공병원 비율은 상당히 낮은 편이다. 또한 이 시기에 우리나라의 민간정신병원은 24개에서 127개로 429% 증가한 반면, 공공정신병원은 15개에서 18개로 20% 증가에만 그쳐 한국 정신보건서비스 분야에서 공공 비율의 비중은 점차 감소하고 있다.

V. 한국의 정신보건서비스의 발전방향

지금까지 우리나라 정신보건서비스의 역사적 전개 과정과 그 결과인 현황 및 문제점을 고찰하였다. 먼저 공급기관 측면에서 우리나라 정신보건서비스 공급기관은 지역사회서비스 기관 대비 상대적으로 의료 및 입원 서비스를 담당하는 공급기관이 많은 문제점이 있다. 둘째, 공급인력 측면에서 지역사회서비스 공급기관 종사자 수 대비 입원 및 의료 서비스 공급기관 종사자 수가 상대적으로 더 많다. 셋째, 이러한 공급기관과 인력의 불균형적인 분포는 절대적인 재원의 부족과 통합적이지 못하고 분절적인 재원체계 및 관리체계의 영향으로 나타나는 것이다. 다시 말해 입원 및 의료 서비스 쪽으로 구조적인 재정 쏠림 현상의 결과로 이해된다. 넷째, 더불어 지나치게 높은 수준의 민간부문의 공급기관은 정부에서 효율적인 관리를 하는 데 한계요인으로 작용하기도 한다. 다섯째, 이러한 다양한 문제점들로 인해서 실질적으로 우리나라는 추정 정신장애인 수 대비 낮은 개입률, 높은 비율의 입원위주 서비스, 장기입원 등의 부정적인 현상이 나타나고 있다. 여섯째, 중요한 것은 이러한 문제들의 주요 원인에는 입원 및 의료 서비스 지원중심의 재정구조 및 통합적 관리체계의 부재 문제가 큰 몫을 하고 있다는 점이다.

이 장에서는 이러한 문제들을 해결하기 위한 발전방안을 도출하기에 앞서, 한국과 비슷한 잔여적 성격의 서비스를 보여주는 미국의 사례를 검토하고, 한국에서의 발전방안을 체계적으로 모색하고자 한다. 미국의 사례를 살펴보는 이유는 선발복지국가들 중에서 미국의 복지국가 성격이 한국의 복지국가 성격과 가장 유사하다고 판단되기 때문이다.

1. 외국 사례: 미국

1) 미국의 정신보건서비스 공급기관

미국의 정신보건서비스는 '건강 및 복지서비스(Health and Human Services)'의 부분으로 이해된다. 한국의 보건복지부와 마찬가지로 미국에서 건강이나 복지와 관계된 서비스를 관장하는 연방정부기관은 Department of Health and Human Services[6]이다. 미국의 정신건강서비스 전달체계는 ① 특수 정신보건서비스(specialty mental health care),

표 V-1. 미국의 정신보건서비스 공급기관

-Mental Health Services in Primary Care Setting
-Federally Funded Health Centers
-Community Metal Health Centers
-Veterans Health Administration
-State and County Mental Hospitals
-Private Psychiatric Hospitals
-Psychiatric Units in General Medical Hospitals
-Residential Treatment Centers
-Direct Services Personnel
-Administrative Personnel

출처: 보건복지부(2011a)

② 일반 의료 및 1차 서비스(general medical/primary care), ③ 휴먼서비스(human services), ④ 자발적 지지 네트워크(voluntary support network) 등의 4가지로 크게 구분 가능하고(Olson, 2006), 서비스의 전달체계로는 〈표 V-1〉에 열거된 것과 같은 공급기관들이 있다.

2) 재정 및 재원 조달

미국의 서비스 공급체계는 연방정부가 재정지원을 주로 담당하고 실제 서비스의 생산과 전달은 서비스 계약을 통해 민간이 담당하는 체계이다. 미국 정신보건서비스 생산 및 공급을 위해서 필요한 재정지원의 유형을 정리하면 〈표 V-2〉와 같다(이봉주·김용득·김문근, 2008).

3) 자원(인프라, 인력) 관리

미국의 서비스 정책이나 전달체계는 지방자치제의 특성 때문에 주(State)나 카운티(County) 등의 지방정부의 특성에 따라서 다르게 나타날 수 있다. 하지만 미국의 지방정부 차원의 서비스도 대부분은 연방정부 차원의 서비스 정책방향에 기반을 두고 있으므로, 연방정부 차원의 기관 및 인력의 질 관리 특성을 살펴보면 각 지방정부의 특성들 속에서 전국에 걸쳐서 공통적으로 나타나는 특징을 파악해 볼 수 있다. 따라서 여기서는 미국의 연방정부 차원에서 건강 및 복지서비스 영역에서 전반적인 서비스의 질 관리를 어떻게 하고 있는지를 살펴보려 한다. 즉 각 지방정부마다 서비스 전달기관에 대한 최소기준이 다르게 나타나는 부분이 있을 수 있지만, 연방정부 차원에서 사회서비스의 질 관리를 위해서 Medicare나 Medicaid 등의 연방정부 차원의 재원이 투입되는 사업에 참여하고자 하는 전국의 기

6. http://www.hhs.gov

표 V-2. 미국의 정신보건서비스 재정 지원 유형

유 형	내 용
프로젝트 교부금 (Discretionary/Project Grants)	-연방정부가 지정하는 문제나 이슈의 해결을 목적으로 재정지원을 하는 방법 -서비스 계약기관이 그 문제나 이슈의 해결 범위 내에서는 비교적 자유롭게 재원을 사용할 수 있음 -신청대상자는 주 정부, 지방정부, 공공 혹은 민간 비영리 단체로 국한 -DHHS 외에도 다양한 정부부처가 재정지원의 주체가 될 수 있고, 매년 예산 배정에 의해 변화함
인타이틀먼트 프로그램 (Entitlement Programs)	-수급 자격이 입증되면 권리로써 수급이 보장되는 프로그램 -Title-IVE(foster care, 아동보호복지서비스), Title-IVD(child support, 아동양육비확보서비스), Title-XIX(Medicaid, 의료급여서비스) 등이 대표적인 예임
포괄적 교부금 (Block Grants)	-일정 서비스 영역에 대하여 주 정부에 할당되는 연방정부의 재정지원 방식 -연방법에 의해 광범위하게 설정된 목적범위 내에서 주 정부가 비교적 자유롭게 사용할 수 있는 재원임 -연방법령에 의해 각 주 정부에 제공되는 재원을 배분하는 공식이 따로 정해져 있고, 할당공식에는 주의 빈곤율과 인구수 등이 고려됨 -TANF, Maternal and Child Health Services Block Grant, Community Services Block Grant 등이 해당됨

출처: 이봉주 · 김용득 · 김문근(2008)

관들에 대해서 연방정부에 등록을 의무화하고 등록기준에 따라 허가함으로써 전국의 기관에 대한 질 관리를 하고 있다. 그러므로 여기서는 '메디케어(Medicare)'나 '메디케이드(Medicaid)' 등의 연방정부 재원을 지원 받아서 서비스를 제공하고 있는 기관에 대한 등록기준을 중심으로 미국의 자원관리의 절차와 특성을 살펴보고자 한다. 〈그림 V-1〉은 서비스 기관 등록 및 질 관리 절차를 정리한 것이다(사회서비스연구원, 2010).

그림 V-1. 미국에서의 서비스 기관 등록 및 질 관리 절차

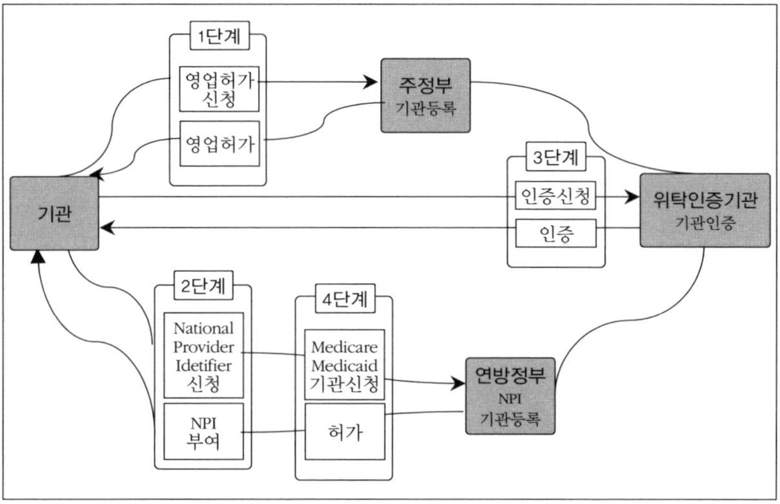

출처: 기획예산처(2010)

1단계는 주 정부에 사업자 등록을 하는 단계이다. 건강이나 복지 서비스 전달 관련 사업을 하려는 주체는 기관이나 개인이 될 수 있다. 주정부 차원에서 사업체 등록 절차는 사업주체에게 납세자 번호(tax identification number)를 발급받고 영업허가를 받는 것으로 사업체 등록 절차는 영리(for-profit) 기관이나 비영리(non-profit) 기관에 따라서 차이가 없고 동일하다. 단 자선기관, 종교기관, 복지기관 등과 같이 면세혜택을 받은 기관의 경우 별도의 신청서를 제출해야 하는데, 복지기관의 경우 복지기관 세금감면 지원서(welfare exemption application)를 제출하여 비영리 기관 등록을 하게 된다. 주정부마다 이 역할을 담당하는 부서 이름이 다른데, 캘리포니아 주정부의 경우는 조세형평위원회(Board of Equalization)[7]에서 담당하고 있다. 주정부에 사업

7. http://www.boe.ca.gov

체 등록을 하게 되면 연방정부기관인 (미국)국세청(Internal Revenue Service, IRS)[8]에 자동 등록된다.

2단계는 연방정부에 건강 및 복지서비스 공급자로 등록하는 단계이다. 공급자 등록을 받아서 체계적으로 관리하는 이유는 전국에 걸쳐서 산재해 있는 건강 및 복지서비스 공급주체의 관리의 편의를 위한 것이다. 공급자 등록은 (미국)보건복지부(Department of Health and Human Services) 산하의 메디케어와 메디케이드 서비스 센터(Centers for Medicare & Medicaid Service)의 국가계획 및 공급자 일람시스템(National Plan and Provider Enumeration System, NPPES)[9]에 한다. NPPES에 등록을 한 기관은 제공기관자격(National Provider Identifier, NPI)[10]을 부여받게 된다.

3단계는 기관 및 인력 질 인증단계이다. NPI를 부여받은 다음에는 메디케어나 메디케이드를 통한 서비스를 전달하기 위해서 연방정부에 메디케어나 메디케이드 서비스 기관으로 등록을 해야 한다. 메디케어나 메디케이드를 통한 서비스 전달의 주체가 되기 위해서는 연방정부에서 규정하고 있는 일정 정도의 서비스 수준을 갖추고 있는 기관이라는 것이 전제되어야 하는 경우가 많다. 연방정부가 인정하는 수준의 기관인지 아닌지에 대한 평가는 일반적으로 인증기관으로부터 인증을 받은 기관인지 아닌지에 따라서 평가한다. 서비스 기관의 질적 수준을 평가하는 인증을 담당하는 기관은 다양하다. 전국적 규모로 기관인증을 담당하는 기관들은 Joint Commission for Accreditation of Healthcare Organization(JCAHO),[11] Commission for Accreditation of Rehabilitation Facilities(CARF),[12] National Committee

8. http://www.irs.gov
9. http://nppes.cms.hhs.gov/NPPES
10. http://nppes.cms.hhs.gov/NPPES/StaticForward.do?forward=static.npistart
11. http://www.jointcommission.org/Accreditation Programs/BehavioralHealthCare
12. http://www.carf.org

for Quality Assurance(NCQA)[13] 등이 있다.

4단계는 메디케어 또는 메디케이드 등의 연방정부 서비스 제공기관 등록단계이다. NPI를 부여받고, 기관인증을 받은 다음 4단계는 연방정부의 (미국)보건복지부 산하의 메디케어와 메디케이드 서비스 센터에 메디케어나 메디케이드 서비스 제공기관으로 등록을 해야 한다. 연방정부에 서비스 기관으로 등록되어야만 건강이나 복지서비스 기관으로 사업을 힐 수 있다.

4) 미국 정신보건서비스의 특징

미국의 정신보건서비스의 특징은 간단하게 다음과 같이 나타낼 수 있다. 미국의 정신보건 공급기관은 병원 중심이라기보다는 지역사회 정신보건서비스를 제공하는 기관과 심지어 비공식 네트워크까지도 정신보건 공급기관으로 간주하고 있다. 이는 의료 위주의 정신보건서비스 접근에서 벗어나 지역사회에서의 관계를 바탕으로 한 재활 위주의 서비스가 이루어지고 있다는 것을 의미한다. 재정 부분에 있어서 미국의 정신보건서비스의 재원은 장애판정을 받아서 수급자격이 인정되면 지원이 되는 (정부의) 복지후생계획(entitlement program)을 비롯해서 특정 욕구대상자나 시점을 위한 보조금(grant) 등 다양하고 포괄적인 재원구조를 가지고 있다. 또한 기관이나 인력관리를 위한 통합적인 관리체계를 가지고 있어서 서비스 공급의 품질 관리 및 유지가 가능한 구조로 되어 있다. 한국과 유사한 잔여적 사회서비스 제도를 발전시켜온 미국의 제도 중 성공적인 것은 한국의 서비스 발전방향에 함의를 제공할 수 있다.

---

13. http://www.ncqa.org

2. 한국의 정신보건서비스 발전방안

지금까지 우리나라 정신보건서비스 공급기관 현황 및 공급인력 현황을 통해서 나타나는 정신보건서비스상의 문제는 추정 중증 정신장애인 수 대비 낮은 개입률, 높은 입소·입원 위주의 개입, 지역사회서비스 기관 대비 높은 비율의 입원·의료 서비스 공급기관 비율, 지역사회서비스 기관에 종사하는 공급인력 수 대비 높은 비율의 입원·의료 서비스 공급기관 종사자 수 등으로 요약할 수 있다. 한 마디로 우리나라 정신보건서비스 특징은 입원·의료 위주라는 점이다. 입원·의료서비스 중심의 공급기관 및 인력의 분포는 구조적으로 지역사회 정신보건의 정착을 저해하는 요인이다. 향후 정신보건서비스 발전을 위한 개선방안을 모색하기 위해서는 이러한 구조적인 문제의 원인을 파악할 필요가 있다.

이 부분에서는 이러한 구조적 문제의 근본적인 원인을 분석하고, 향후 한국의 정신보건서비스의 발전방향을 모색해보고자 한다. 〈그림 V-2〉는 현황의 문제점을 바탕으로 한 발전방향의 접근법을 도식적으로 표현한 것이다.

즉, 표면적으로 나타나는 지역기반 정신보건서비스와 의료·입원서비스 간의 공급기관이나 인력의 불균등 현상은 다음과 같은 구조적 원인들을 해결함으로써 개선될 수 있다. 첫째, 가장 근본적으로 관련 법이나 관리체계를 통합적으로 개선함으로써 지역사회 정신보건서비스에 대한 수요-공급이 원활하게 이루어질 수 있는 구조를 만들고, 둘째, 이를 바탕으로 재원불균형을 개선하여, 입원·의료 서비스 분야뿐 아니라 지역사회 정신보건서비스 확충을 위한 재원을 구축할 필요가 있다. 지역사회 정신보건서비스 분야의 재원 확충은 자연스럽게 공급기관과 인력이 지역사회 정신보건에 유입되는 결과를 가져올 것이며, 결과적으로 이는 미충족 욕구의 해소로 이어져

그림 V-2. 정신보건서비스 문제점과 발전방향

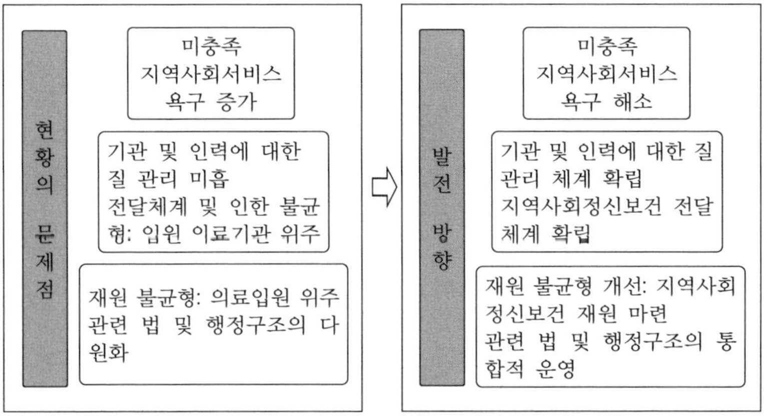

출처: 보건복지부(2011a)

정신보건법이 지향하는 지역사회 정신보건의 이념을 실현하는 데 기여할 것이다. 이 부분에서는 관련 법 체계 및 행정구조, 재원, 전달체계 및 관리 등의 세부사항에 대한 발전방향에 대해서 고찰한다.

1) 관련 법 체계 및 행정구조 관련 발전방안

한국의 정신보건서비스가 입원 및 의료서비스와 지역사회서비스가 균형을 맞추어 발전하려면, 이러한 것을 뒷받침하는 관련 법이나 행정구조상의 변화가 필요하다. 법체계와 관련해서는 앞에서 지적한 정신보건법과 장애인복지법의 분절현상을 극복하고 통합적 법체계를 형성하는 것이 필요하다. 이러한 통합적 법체계는 중증 정신장애서비스를 위한 재원 및 관리의 통합적 행정구조의 근거가 된다. 행정구조와 관련해서는 현재 정신보건서비스와 관련된 행정부처가 보건복지부, 여성가족부, 교육부 등으로 산재해 있는데, 미국에서 정신건강서비스가 (미국)보건복지부에서 통합적으로 조정되는 것처럼 한국에서도 점차 보건복지부와 같은 하나의 부처에서 통합적으로 관리할 필요가 있다. 또한 보건복지부 안에서도 정신보건서비스가 정신보건정책과, 장애인정책과, 사회서비스사업과 등에 산재해 있는데, 정신보건정책과나 관련부서 중심으로 인력 확대 및 재편을 통해서 복지부 내 정신보건서비스 행정구조의 통합·조정이 시급하다.

2) 재원 관련 발전방안

재원 관련해서 가장 큰 문제는 국민건강보험이나 의료급여가 의료 및 입원 서비스에 국한해서 적용되고 지역사회 정신보건서비스에는 적용이 되지 않는 것이다. 특히 지역사회 정신보건서비스 재원은 정부보조금 형식으로 공급기관에 배분되기 때문에 욕구 당사자가 선택해서 서비스를 살 수 있는 구조가 아니라 공급자 중심의 서비스를 제공하고 있다. 이러한 문제를 해결하기 위해서 재원배분 방식을 이용자 위주 지원으로 전환할 필요가 있다. 정신장애로 인한 서비스 욕구가 있는 사람들 중에서 가족이 있거나 가구소득이 높아서 재정적 지원을 받는 데 한계가 있어서 서비스 이용을 하지 못하는 경우도 있다. 이러한 점을 개선하려면 가족 및 가구소득에 따른 수급결정이 아니라 당사자 위주의 지원체계가 구축될 필요가 있다. 즉 미국의 경우처럼 당사자가 정신질환으로 장애판정을 받을 경우에는 가구소득에 상관없이 기초수급 및 의료급여를 제공할 필요가 있다.

재원과 관련한 발전방안은 간단하게 당사자 중심의 자격요건 판정과 이용자 위주의 재정지원의 확대로 요약될 수 있다. 이를 위해서는 〈그림 V-3〉에 순서대로 정리된 것처럼 한국의 정신보건 내·외적인 실정을 고려할 때 몇 가지 대안을 단계적으로 생각해볼 수 있다.

첫번째 안이 일반 건강서비스나 정신보건상의 입원 및 의료서비스처럼 국민건강보험 및 의료급여로 지역사회 정신보건서비스 비용

그림 V-3. 재원 관련 발전방안의 대안

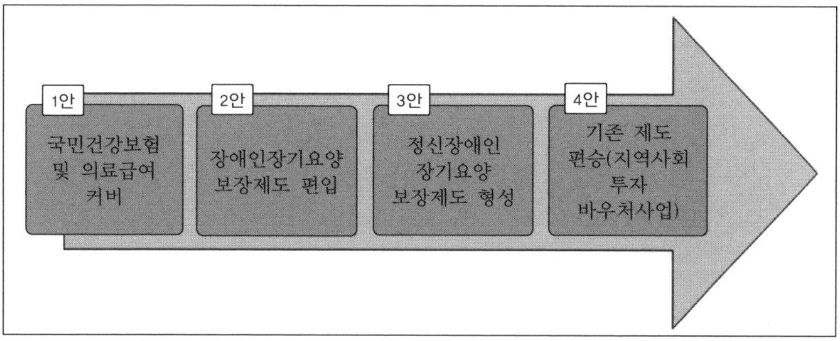

출처: 보건복지부(2011a)

을 커버하는 방법이다. 이는 잔여적 복지국가인 미국에서도 이미 실행되고 있는 것으로 새로운 재원 마련을 하지 않아도 되면서 포괄적이라는 점에서 장점이 있고 가장 바람직한 대안으로 생각된다. 두 번째 안이 최근 시행된 장애인 장기요양보장제도에 정신장애인서비스도 포함하는 것이다. 장애인 장기요양보장제도의 주 목적이 장애인의 지역사회 생활을 지원하기 위한 돌봄서비스 및 활동지원서비스를 제공하는 것이다. 이 제도 내에 정신장애인을 포함하면 지역사회에서 생활하는 데 용이할 뿐 아니라 지역사회 정신보건서비스 이용도 용이하게 될 것이다. 만약 법적인 문제나 부처 간 통합적 관리체계의 미흡으로 정신장애인이 장애인 장기요양보장제도에 편입되는 것이 불가능하다면 정신장애인을 위한 장기요양보장제도를 독립적으로 형성하는 것도 하나의 대안이 될 수 있다. 독립적 제도를 형성할 경우 정신장애의 특성이나 정신장애인의 욕구에 맞는 서비스 제공이 더 용이할 것으로 생각된다. 이러한 대안들이 실현가능하지 않을 경우 또 하나 생각해볼 수 있는 것은 지역사회투자바우처 사업의 일환으로 시행되고 있는 정신장애인 토털케어서비스처럼 기존 제도에 편승하는 것이 하나의 대안이 될 수 있다.

3) 전달체계 확립 및 질 관리

위에서 언급한 네 가지 재원과 관련한 대안들의 공통적인 특징은 당사자 중심의 자격요건 판정과 이용자 위주의 재정지원이다. 이러한 이용자 위주 재원들은 수요·공급의 원칙에 따라서 정신장애인들의 욕구에 부합하는 공급 기관 및 인력의 창출을 동반하게 된다. 즉 서비스 구매력이 있는 정신장애인들은 지역사회 정신보건서비스에 대한 수요가 있을 때 지역사회의 공급기관을 찾게 되고 이러한 수요는 자연스럽게 지역사회 정신보건서비스 공급기관을 창출하게 되고, 서비스 공급인력을 지역사회서비스 분야로 유입할 것이다. 이러한 변화는 지역사회 정신보건서비스 공급기관 및 공급인력의 증가로 연결될 것이다. 결국 이러한 변화는 장기적으로 입원·의료서비스와 지역사회서비스의 공급기관 및 인력의 불균형 현상을 해결할 것으로 예상되어 지역사회 정신보건의 이념을 달성할 수 있는 서비스 전달체계를 형성하게 될 것으로 기대된다.

4) 선별주의적 질병모델에서 보편주의적 증진모델의 정착

2000년대 초반까지 한국의 정신보건서비스의 주된 기조는 질병모델에 입각한 의료서비스 위주였다. 하지만 최근 국제적 정신건강에 대한 적극적 의미부여 추세에 부응하여 정부 차원에서 정신건강정책의 기조를 치료 위주에서 예방 및 증진 위주로 전환하려 하고 있다. 하지만 우리나라의 전통적 정신보건서비스가 선별주의적 질병모델에 입각해서 시행되어왔기 때문에 정신보건서비스 전달체계나 인력구성 및 관련 기관이나 종사자의 이해도에 있어서 정신건강 증진서비스는 아직 생소한 편이다. 보편주의적 증진모델에 기반한 정신보건서비스를 정착시켜나가기 위해서는 관련된 법, 행정구조 및 서비스 전달체계의 개선은 물론이고 관련 인력양성과 인식개선이 필요한 시점이다. 다행히도 최근 정부에서 정신건강 증진 시범사업을 시행하고 있기 때문에 시범사업을 통해서 산출되는 노하우를 증진모델에 입각한 정신건강 증진서비스 확충에 적극 활용할 수 있도록 시범사업을 성공적으로 수행할 필요가 있다.

3. 결론

한국의 전통적인 정신보건서비스는 주로 취약계층인 중증 정신장애인을 대상으로 이루어져왔기 때문에 전통적인 사회서비스의 문제점을 그대로 내포하고 있다. 이러한 문제들은 구체적으로 공급자 위주의 재정지원으로 인해 소비자 선택권이 결여되고, 일반인을 대상으로 하는 정신보건서비스가 전무하며, 공급자 간의 경쟁유발을 통한 서비스의 질 개선에 한계가 있고, 시장경쟁을 통한 가격경쟁이 일어나는 데에도 한계가 있으며, 예산의 비효율성이 나타나게 된다. 그리고 중앙집중식의 하향식 의사결정구조로 인해 지역사회의 특성이나 욕구반영이 제한되고, 규모의 경제를 통한 산업화에도 한계가 있으며, 새로운 욕구에 대처하는 유연성이 결여되는 등의 문제도 포함한다. 그러므로 향후 정신보건서비스의 방향성은 전통적 정신보건서비스가 내포하고 있는 이러한 문제점들을 해결하는 방향으로 전개될 필요가 있다.

첫째, 전통적인 정신보건서비스에서는 정부가 공급자인 정신의료기관이나 지역사회 정신보건기관에 보조금을 지급하는 형식으로 운영이 되었다. 공급자 위주의 지원은 소비자의 서비스 선택권을 침해하고 공급자 간의 경쟁유발을 저해하여 시장을 통한 가격경쟁이 일어날 가능성을 낮추게 되므로 예산의 비효율이 나타날 수 있다. 이러한 문제를 해결하기 위해서는 기존의 공급자 위주의 재정지원을 소비자 위주로 지원하고 공급자 간의 경쟁이 일어날 수 있도록 민간·공공기관 또는 영리·비영리 기관들의 다양한 공급자를 사업에 참여시키는 것이 하나의 대안이 될 수 있다.[14]

둘째, 전통적 정신보건서비스는 중증 정신장애인을 대상으로 한 것들이 대부분이다. 하지만 사회변화에 따라서 일반인에 대한 정신건강 위험요소들이 증가하고 있는데, 현재로서는 일반인을 대상으로 하는 정신보건서비스는 거의 전무한 실정이다. 그러므로 향후 정신보건서비스는 일반인들의 정신보건의 욕구를 충족시켜줄 수 있도록 대상자의 범위를 늘리고 이에 맞는 프로그램이나 서비스를 개발해나갈 필요가 있다.

셋째, 전통적인 정신보건서비스의 운영은 중앙에서 정책을 결정하여 지방자치단체와 공급자가 서비스를 전달하게 하는 식의 하향식 접근이 이루어졌다. 이러한 중앙집중적이며 하향식의 의사결정 방법은 각 지역사회의 고유한 특성을 고려하지 못하기 때문에 지역사회의 특수욕구를 충족시키는 데는 한계가 발생한다. 그러므로 향후 정신보건서비스는 지방자치단체에서 그 지역사회 내의 정신보건 욕구를 파악하여 지역 특성에 맞는 정신보건서비스 프로그램을 개발해나가는 것이 필요하다. 지방자치단체에서 개발해서 중앙정부와 공동으로 시행하고 있는 정신장애인 토털케어서비스나 문제행동아동 조기개입서비스는 지역사회의 정신보건 욕구를 반영하여 형성된 정신보건서비스의 예라고 할 수 있다.

넷째, 한국의 정신보건서비스의 한계는 사회구조의 변화에 따른 정신질환 위험이 증가하고 있음에도 정신질환 예방 차원의 서비스나, 새로운 정신보건 욕구에 대한 서비스 및 아동·청소년에 대한 정신보건서비스의 미확립으로 인해 사각지역이 존재하고 있다는 점

---

14. 이러한 서비스 전달의 시장적 접근은 공공부문의 역할이 증가해야 할 영역에 대해서, 공공부문을 확장해나가는 것과 병행하여 시장적 접근이 효과적이라고 판단되는 부분에 한해서만 진행되는 것이 바람직하다.

이다. 지역사회에서 여러 가지 이유로 치료를 받지 않고 있는 정신장애인들이나 늘어나는 아동·청소년 사이의 문제행동 및 정서문제는 아직까지 전통적 정신보건서비스에서 서비스를 제공하지 못하고 있는 사각지역의 대표적인 예다. 이러한 사각지역의 욕구나 잠재적 욕구를 해결하기 위한 정신보건서비스의 확립이 필요하다.

위에서 지적한 정신보건서비스의 문제점들을 해결하는 관건은 재원구조의 개선에 있다고 해도 과언이 아니다. 즉 국민건강보험, 장애인 장기요양보장제도 또는 지역사회투자사업 등과 같은 당사자 중심의 이용자 지원 재원구조의 마련이 시급하다. 정신장애인의 지역사회서비스 이용과 관련해서 이러한 대안들 중에서 현재 현실적으로 적용 가능한 재원구조는 마지막의 지역사회서비스 투자사업이다. 지역사회서비스 투자사업은 소비자 위주의 지원을 통해서 소비자의 선택권과 다양한 공급자의 참여 및 경쟁유발을 통해서 서비스의 질을 높이고, 변화하는 사회의 신욕구 및 사각지역을 해소한다는 의미에서 긍정적으로 평가되고 있다. 바우처 형식의 사회서비스 정책 실시 이후 정신보건영역과 관련해서는 현재 성인 정신장애인을 대상으로 한 정신장애인 토털케어서비스가 2007년에 등장하였고 아동·청소년의 문제행동과 관련한 바우처 서비스가 상당수 생겨나게 되었다. 이러한 변화는 사각지역 해소를 위한 정신보건서비스 영역의 확장이라는 측면에서 높이 평가할 만하다. 그리고 사각지역에 있는 성인정신장애인 및 증가하는 아동·청소년 문제행동관련 욕구, 그리고 일반인들 사이의 정신보건 욕구증가 등의 사회현황을 고려할 때, 정신장애인의 지역사회서비스 이용을 위한 현실적인 재원구조가 부재한 현재와 같은 상황에서는 지역사회서비스 투자사업이 앞으로 당분간은 확장해나가야 할 영역이라고 생각된다.

결론을 대신하여 향후 정신보건 사회서비스 정책의 방향성을 전체적으로 요약하면, 정부는 사회서비스의 안정적 공급을 위해 마스터 플랜(master plan)을 수립함으로써 지속가능한 정신보건 사회서비스 전달체계가 형성될 수 있는 여건을 조성할 필요가 있다. 이를 위해서는 향후 정신보건 사회서비스 영역별로 표출될 수 있는 수요에 대한 면밀한 예측과 함께 이러한 욕구에 대한 정부 차원의 대처방안이 수립될 필요가 있다. 또한 서비스 영역별 및 서비스 대상자별로 사회서비스 욕구 충족에 있어서 공공과 민영 부문의 적절한 배합을 통해 민간영역과 공공영역의 역할 분담에 대한 청사진을 마련할 필요가 있다. 무엇보다도 사회서비스사업 진행 과정에서 시장 실패로 인해서 사회서비스의 민영화가 비효율적이라고 판단되는 영역이 있다면, 공공영역에서 직접 서비스를 공급하거나 불완전한 시장기제를 보충해줄 수 있는 정부 규제책이나 대안을 동시에 마련하는 것이 중요하다.

참고문헌

가톨릭대학교 여의도성모병원(2009). 여의도성모병원 홈페이지. 정신과 소개 http://www.cmcsungmo.or.kr/examination/treatment_02_02.jsp?dtno=330 (검색일: 2011.7.31)

강상경(2008a). 「사회복지실천의 민영화, 한국적 상황에서 대안인가?」. 춘계 한국사회복지학회.

강상경(2008b). 「미국의 정신보건 전달체계가 한국의 정신보건전달체계에 주는 함의」. 사회복귀시설 추계학술대회.

강상경(2008c). 「사회서비스 정책과 전망」. 사회서비스개발원 개원세미나.

강혜규(2007). 「한국 사회서비스 정책의 현황과 서비스 확충의 과제」. 보건복지포럼, 125, 6-22. 한국보건사회연구원.

곽병은 · 김금열 · 김진미 · 서정화(2004). 「사회복지시설의 정신장애인 수용의 변천에 관한 연구」. 『지역사회정신보건』. 2004년 봄호.

곽효문(2002). 「사회복지 공급의 민영화에 관한 연구」. 『교수논문집』, 383-404.

국립나주병원(2010). 국립나주병원 홈페이지. 주요연혁. http://www.najumh.go.kr(검색일: 2011.7.31)

기획예산처(2007). 『2007 나라살림』.

기획예산처(2008). 『사회서비스 수요 · 공급 실태 정밀조사 연구』.

기획예산처(2010). 『사회서비스 이용권 사업자 등록기준 개발』.

김경호(2005). 『정신보건사회복지론』. 청목.
김규수(2005). 『정신보건사회복지실천론』. 형설.
김기태 · 황성동 · 최송식 · 박봉길 · 최말옥(2001). 『정신보건복지론』. 양서원.
김문곤(1979). 『정신장애자와 사회복지』. 통일주체국민회의 사무처.
김용득(2008). 「사회(복지)서비스 정책의 쟁점과 대안: 시장기제와 반시장기제의 통합」. 정책 & 지식. 제413회 발표문. 서울대학교 행정대학원.
김용득 외(2009). 『지역개발형 지역사회서비스투자사업 성과평가 및 발전방안 연구』. 보건복지가족부.
김정순 · 문옥륜 · 정효지(1989). 「시범 국민건강보험지역 주민의 만성질환 유병률 및 그 역학적 특성」. 『한국역학회지』, 11(2).
김태일(1980). 「한국 정신과사회사업 발전의 필요성에 관한 고찰」. 중앙대학교 석사학위 청구논문.
김휘석(2007). 『선진국의 사회서비스 민영화 경험과 시사점』. 산업연구원.
남정자 · 한영자 · 최정수 · 한충길(1994). 『정신보건의 현황과 정책과제』. 한국보건사회연구원.
대한신경정신의학회(1991). 『원로와의 대화』. 하나의학사.
(http://www.taopsychotherapy.org/rhee/03_sub_030_3.php에서 검색·인용)
동아일보. 「마환자치료소 순화병원에 설치」. 1948.4.23.
매일경제. 「국내 첫 정신질환 역학조사」. 1985.5.4.
문옥륜 · 임현술 · 김병익(1982). 「전국 성인병실태 조사연구」. 『보건학논집』, 33, 44－79.
문인숙·양옥경(1991). 『정신장애와 사회사업』. 일신사.
민병근(1979). 「정신장애자 복지의 현황과 대책」. 『법무부 논설집』, 3.
보건복지가족부(2008a). 『장애인 활동보조 서비스 사업 개요』.
보건복지가족부(2008b). 『지역맞춤형바우처사업 성과 및 향후 추진 방안』.
보건복지가족부(2008c). 『사회서비스 활성화를 위한 품질 및 성과관리체계 구축방안』.
보건복지가족부(2009a). 『2010년 정신보건사업 안내』.
보건복지가족부(2009b). 『ADHD 아동 조기개입서비스 모니터링 및 발전방안 연구』.
보건복지부(1994). 『보건복지백서』. 보건복지부.
보건복지부(1994). 『보건복지통계연보』. 보건복지부.

보건복지부(2011a). 『국가정신건강 거버넌스의 통합성과 포괄성』. 2011 정신건강정책 포럼.
보건복지부(2011b). 『지역사회서비스투자사업 제공기관 실태조사 및 가이드라인(인력 · 시설) 개발』.
보건복지부(2012). 『2012년 정신보건사업 안내』.
보건사회부(1964). 『보건사회백서』. 보건사회부.
보건사회부(1982). 『보건사회백서』. 보건사회부.
보건사회부(1984). 『보건복지통계연보』. 보건사회부.
보건사회부(1985). 『보건사회백서』. 보건사회부.
보건사회부(1988). 『보건사회백서』. 보건사회부.
보건사회부(1990). 『보건사회백서』. 보건사회부.
보건사회부(1991). 『보건사회백서』. 보건사회부.
보건사회부(1998). 『보건사회백서』. 보건사회부.
사회서비스연구원(2010). 『사회서비스 이용권 사업자 등록기준 개발』. 보건복지부.
서동우(2010). 「우리나라 정신보건법의 역사」. 『대한신경정신의학회』, 49. 144－148.
서울대학교 의과대학(2010). 서울대학교 의과대학 홈페이지. http://medicine.snu.ac.kr(검색일: 2011.7.31)
세명병원(2004). 세명병원 홈페이지. 법인 설립자 소개 및 병원 연혁. http://www.smmh.co.kr(검색일: 2011.7.31)
아산사회복지사업재단(1981). 『장애자복지편람』.
안향림 · 박정은(2001). 『정신보건사회복지』. 홍익제.
양옥경(2006). 『정신보건과 사회복지』. 나남출판.
윤규열 · 이명자(2009). 『정신보건론』. 동문사.
이동모(1981). 「서울시 신체 및 정신장애자에 대한 역학적 연구」. 『인간과학』, 5(7). 569－576.
이봉주 · 김용득 · 김문근(2008). 「3장. 미국과 영국의 사회복지서비스 전달체계」. 『사회복지서비스와 공급체계: 쟁점과 대안』. EM 커뮤니티.
이부영(1994). 「일제하 정신과 진료와 그 변천-조선총독부의원의 정신과 진료(1913－1928)를 중심으로」. 『의사학』, 3(2), 147－169.
이영호 · 심경순 · 김태준(2006). 『정신보건사회복지의 이해』. 학지사.

이용표(2007). 「한국에서 정신장애인 감금구조 형성과 대안모색」. 세계장애인한국대회.

이용표 · 강상경 · 김이영(2006). 『정신보건의 이해와 실천패러다임』. EM커뮤니티

이윤로(2005). 『정신보건과 사회복지』. 창지사

이인희(2004). 「사회복지의 민영화 패러다임에 관한 연구」. 『정치 · 정보연구』, 7(2), 160－182.

자매정신요양원. 자매정신요양원 홈페이지. 법인소개 및 연혁. http://www.jamaesarang.com(검색일: 2011.7.31)

조선총독부(1933). 『조선의 사회사업』. 조선총독부 학무국 사회과.

조택(1997). 「민영화의 효과와 한계」. 『한국사회와 행정연구』, 8(2), 113－127.

중앙정신보건사업지원단(2009). 「중앙정신보건사업지원단 사업보고서」.

중앙정신보건사업지원단(2010). 「중앙정신보건사업지원단 사업보고서」.

한국보건개발연구원(1980). 「심신장애자실태조사보고서」.

한국보건산업진흥원(2001). 『경영통계』.

한국정신보건사회사업학회 편(2000). 『정신보건전문요원 수련교재』. 양서원.

한국정신건강복지연구소 편(1994). 『만성정신장애와 사회복지서비스』. 인간과 복지.

한국조세연구원(2007). 『한국형복지재정모델 개발연구』.

Australian Government Department of Health & Ageing (2008). “The State of Our Public Hospitals.” June 2008 Report.

American Health Association (2006). *Hospital Statistics*.

Aramovitz, M. (1986). The privatization of the welfare state: A review, Social Work, July-Aug., 257－264.

Barr, N. (2004). *The Economics of the Welfare State* (4th ed.). Oxford, UK: Oxford University Press.

Bennett, R. (1990). “Decentralization, intergovernmental relations and markets: toward a post-welfare agenda,” pp.1－26 in *Decentralization, Local Government and Markets: Towards a Post-Welfare Agenda* (Robert Bennett, ed.). Oxford: Clarendon Press.

Boyne, G.A. (1996). “Competition and local government: a public choice perspective." *Urban Studies*, 33, 703－721.

Chi, K.S. & Jasper, C. (1998). *Private Practice: A review of privatization in state government.* Lexington, KY: The Council of State Governments.

Chi, K.S., Arnold, K.A., & Perkins, H.M. (2003). "Privatization in State Government: Trends and issues." *Spectrum: The Journal of State Government*, Fall, 2003, 12－21.

Dorwart, R.A. & Epstein, S.S. (1993). *Privatization and mental health care: A fragile balance.* Westport, CT: Greenwood Press.

Esping-Andersen, G. (1990). *The three worlds of welfare capitalism.* Cambridge: Polity Press.

Esping-Andersen, G. (1999). *Social foundations of post-industrial economies.* Oxford: Oxford University Press.

Glenngård, A.H., Hjalte, F., Svensson, M., Anell, A., & Bankauskaite, V. (2005). *Health Systems in Transition: Sweden.* Copenhagen, WHO Regional Office for Europe on behalf of the European Observatory on Health Systems and Policies.

Lowery, D. (1998). "Consumer sovereignty and quasi-market failure." *Journal of Public Administration Research and Theory*, 137－172.

Mishra, R. (1984). *The welfare state in crisis.* Brighton: Wheatsheaf.

Mishra, R. (1990). *The welfare state in capitalist society.* Toronto: University of Toronto Press

Mishra, R. (1999). *Globalization and the welfare state.* UK: Edward Elgar Publishing.

OECD. (2004). Social Expenditure Database (SOCX)

Olson, R. P. (2006). Mental Health Systems Compared: Great Britain, Norway, Canada, and the United States. Illinois: Charles C Thomas Pub Ltd.

Sakamaki, H., Ikezaki, S., Yamazaki, M. & Hayamizu, K. (2004). "SHA-Based health accounts in thirteen OECD countries country study: Japan national health accounts 2000." OECD Health Technical Paper No. 6.

Savas, E.S. (1987). *Privatization: The key to better government.* New Jersey: Chatham House.

Sanger, M.B. (2003). *The welfare marketplace: Privatization and welfare reform*. Washington, D.C.: Brookings Institution Press.

Sclar, E. (2000). *You Don't Always Get What You Pay For: The Economics of Privatization*. Ithaca, NY: Cornell University Press.

Tiebout, C. (1956). "A pure theory of local expenditures." *Journal of Political Economy*, 64, 416–424.

Titmuss, R.M. (1974). *Social Policy: An Introduction*, New York: Pantheon Books.

Wilensky, H.L. & Lebeaux, C.N. (1998). *Industrial Society and Social Welfare*. New York: Russell Sage Foundation.

부록

정신보건서비스 연표

연도	내용	출처
정신보건서비스 태동기(한국전쟁 이전)		
1938	성북병원 개설 －개인이 설립한 정신병원으로서(구주제대 출신인 일본인 조교수, 명주완, 이세연 등 3인이 합자하여 설립) 1941년에 개업 －1940년대 초 한국의 정신과 교육기관은 경성제대 의학부가 유일하고, 정신병원은 경성제대 부속병원 정신과, 하라병원(청량리 뇌병원의 전신), 고다마 정신병원(노량진 뇌병원의 전신)이 있음	이용표(2007) 대한신경정신의학회(1991)
1945	대한신경정신의학회 조직 －정신건강 분야에 사회사업가가 개입한 계기는 1945년 대한신경정신의학회가 조직되어 권기주가 심리학자와 함께 청소년 문제에 관여한 것에서 비롯됨	김기태 외(2001) 문인숙·양옥경(1991)
	청량리뇌병원, 서울여의대 정신과, 경기도도립병원 설립	이용표 외(2006)
1946	서울대학교 의과대학 신경정신과 설치	이용표 외(2006)
	－〈국립서울대학교 설치령〉에 따라 경성대학 의학부와 경성의학전문학교를 모체로 국립서울대학교 의과대학에 정신과학교실 외 17개 교실이 신설됨	서울대학교 의과대학(2010)

1947	시립순화병원별관 마약중독자치료소 설치	이용표 외(2006) 동아일보(1948)
	–서울시 보건위생국에서 마약중독환자를 치료하기 위해 시립순화병원 구내에 마약중독자 치료소를 설치	
	–1951년 5월 중구로 이전하였으며, 60년 12월 현 위치로 이전 (현재의 시립은평병원)	
1949	국립중앙각심학원 설립	이용표 외(2006)
	–정신장애인을 최초로 수용보호한 시설로서 정신지체인을 함께 수용 (현 국립재활원의 전신)	
정신보건서비스 태동기(한국전쟁 이후)		
1950s	6.25 발발 후 전쟁으로 인한 정신장애인이 급증하였고 이들의 수용·보호가 본격화됨 해방 이후~1950년대까지 정신장애인 치료나 보호는 매우 제한적이었고, 인력·자원의 절대적 부족으로 보호수용능력이 없어 방임되었음. 특히, 정신질환은 전염성 질병 대책보다 우선순위 낮았음	이용표 외(2006)
1950	후생시설 설치기준 공포 –후생시설: 아동시설, 특수보호시설(정신치료교화원 포함), 양로원	이용표 외(2006)
1952	후생시설 운영요령 공포	
	전남대학교 의과대학에 신경정신과 개설	
1953	[후생시설] 자혜정신요양원(영락정신불구원) –정신장애인을 독립보호한 최초의 시설	이용표 외(2006) 세명병원(2004)
1954	국립 노량진 정신구호병원 개원 –현 국립서울병원의 전신	이용표 외(2006)
	각 육군병원, 해군병원에서 정신과 운영	
1955	Ralph W. Morgan: 정신보건사회복지사 & 정신보건과 의사 팀 접근	김기태 외(2001) 김태일(1980)
	–"한국의 정신과사회사업의 시초는 미8군병원에서 미국인 정신과사회사업가의 역할 수행을 한국의 정신과 의사들이 임상경험할 기회를 갖게 되면서 비롯되었으며, 전형적인 영국의 사례와 같이 아동상담소에서 시작되었다."(R.W. Morgan)	
1956	[후생시설] 신생원	이용표 외(2006)
	전남도립 정신질환자 수용소 개소	국립나주병원(2001) 이용표(2007)
	–행려자를 위한 '희망원'이라는 이름으로 개소하였으며, 1957년 도립뇌병원으로 개칭하고, 1982년 국립나주정신병원으로 변경되었음	

1957	[후생시설] 자매여숙정신요양원 －최초의 여성정신질환자 수용시설. 1946년 고아시설로 설립하여 1957년 고아원과 겸하는 정신요양원으로 설립하였으며, 75년 아동복리시설을 폐지하고 정신요양사업으로 전환함	이용표 외(2006) 자매정신요양원(2011)
1958	서울시립아동상담소에서 팀 접근을 실시 －정신의학자(유석진 박사), 정신보건사회복지사(하상락 교수), 심리학자, 법률전문가에 의해 팀 접근이 이루어졌음	김기태 외(2001) 김태일(1980)
1960s	※정신치료교화원은 성인불구시설(장애인시설)로 분류되어 개별통계가 사라심	이용표 외(2006)
	정신병상 변화추이: 583(1960) → 1,175(1970) → 1,928(1979)	
	정신장애인들의 주된 수용·보호기관은 성인불구시설과 부랑아시설(60~70s)	
	(62년 국립정신병원이 설립된 이후) 국립중앙의료원, 남부시립병원, 한강성심병원에서 정신보건사회복지사가 활동하게 됨	김태일(1980)
1962	국립정신병원이 개설되어 김원진 외 1명이 정신보건사회복지사로 근무 －정신질환자를 위한 서비스와 사회사업 전공 학생들의 실습을 담당하였음	김기태 외(2001) 한국정신건강복지연구소 편(1994)
	여의도 성모병원에서 사회복지사 파견근무 －신경정신과 김종은 교수의 요청에 따라 가톨릭의료원·가톨릭사회복지회의 허락·협조로 정신질환자의 진단과 치료 및 사후지도를 위하여 가톨릭 교구에서 운영하는 사회복지회의 부회장인 사회복지사 정의방이 정신과(무료진료소)·자살예방센터에서 팀의 일원으로 활동하기 시작하였으며, 1966년 사회복지사 정의방, 이덕규, 안향림을 정식직원으로 채용함	한국정신보건사회사업학회 편(2000) 안향림·박정은(2001)
1963	성모병원 신경정신과에서 전임사회복지사 근무 －사회복지사(이미영)가 환자의 개인력 조사, 가족 상담 등을 수행하였음	김기태 외(2001) 한국정신보건사회사업학회 편(2000)
	국립정신병원 기구 개편을 통한 사회사업과 설립	양옥경(2006) 가톨릭대 여의도 성모병원(2009)
1966	장애자보고서(보건사회부) －전국적인 규모의 조사로서는 최초에 해당하는 장애실태조사임. 신체, 정신 및 사회적 장애자(불구자)의 실태를 조사하였으며 정신장애의 기준에 정신병(정신분열병, 조울증, 편집증), 간질, 정신박약을 포함하고 있음	이동모(1981) 매일경제(1985)

1967	성모병원 자살예방센터에서 정신보건사회복지사 정의방이 전임자로서 근무	한국정신보건사회사업학회 편(2000)
1968	중대부속 필동성심병원에서 정신보건사회복지사 정의방, 박순자가 근무	김기태 외(2001) 한국정신보건사회사업학회 편(2000)
	[정신보건법안] 대한신경정신의학회에서 최초의 정신보건법안을 성안함	서동우(2010)
1969	대구 동산기독병원에서 정신보건사회복지사 근무 −정신보건사회복지사 김기태가 근무를 시작하고, 이후 김규수가 자리를 이어받아 근무	김기태 외(2001) 한국정신보건사회사업학회 편(2000) 이용호 외(2006)
1970s	70년대까지 우리나라는 농경사회였으며, 농경사회에서 흔히 보이는 정신질환에 대한 미신적 질병관을 가지고 있었음. 이후 급속한 산업화와 도시화, 핵가족화로 인해 정신질환자에 대한 대가족과 지역사회의 공동체적 보호가 급속히 와해되었음	서동우(2010)
	국가개입과 법적규제가 없는 상태에서 정신질환자들은 종교기관이 수립한 미인가시설에서 비치료적·비인권적 수용에 처함	서동우(2010)
	※해방에서 1970년대까지 정신장애인 수용은 사회복지서비스 체계를 중심으로 이루어졌음. 의료공급의 절대적 부족 ※부랑인시설 → 성인불구시설(정신요양원의 전신)로의 이동 ※성인불구시설과 부랑아시설의 수용실태 변화를 중심으로 살펴봄	이용표 외(2006) 곽병은(2004)
1970	연세대 세브란스병원-정신보건사회복지사 겸무 −1965년 의료사회사업가로 채용된 박현경이 정신의료사회사업도 겸함	김기태 외(2001)
	[정신보건법안] 보건사회부안: 대상을 '정신장애로 인하여 공안상 위해를 가하거나 그 가능성이 있는 자'로 할 정도로 사회방위적 시각이 뚜렷함	서동우(2010)
1971	한강성심병원, 용인정신병원, 혜동의원 정신보건사회복지사 근무	김기태 외(2001)
1973	의료법시행령 개정: 종합병원에 사회복지사 1인 이상 근무하도록 의무화 종합병원 내 사회복지사의 활동이 확대 −의료법 시행령 개정(1973년 9월 20일 대통령령 제6863호)을 통해 종합병원 내 사회복지사의 활동이 확대되는 계기가 됨	김기태 외(2001) 한국정신보건사회사업학회 편(2000)

1974	안양신경정신병원, 고려대 부속병원, 서울기독병원, 순천향대병원에서 정신보건사회복지사를 채용하게 됨	김기태 외(2001)
	가톨릭대학병원 정신과에 개설된 우리나라 최초의 정신과 낮병원 −1960년 개원한 가톨릭대 여의도 성모병원 정신과는 1974년 120병상 규모의 신경정신과 전문 대학부속병원으로 확대하면서 낮병원 프로그램을 도입하게 됨	이영호 외(2006) 가톨릭대 여의도성모병원(2009)
1975	광주 천주의 성요한병원에서 정신장애자 재활 프로그램을 시작 −부분적으로나마 지역사회 정신보건서비스가 시행된 것으로 볼 수 있음	이윤로(2005) 김규수(2005)
1976	서울백제병원에서 정의방, 길성무, 김정옥, 이영실, 박정은, 전석균 외 다수의 사회복지사를 채용함	김기태 외(2001) 안향림·박정은(2001)
1977	의료사회복지사(정신보건사회복지사)의 치료활동에 대한 보험수가 인정 −이를 통해 정신의학적 사회사업(개인력 조사, 사회조사, 사회사업지도, 가정방문)에 대한 의료수가를 청구할 수 있게 됨	김기태 외(2001) 양옥경(2006)
	대구파티마병원, 보훈병원에서 정신보건사회복지사업을 시작	안향림 · 박정은(2001)
	의료보호제도 시행 −의료보호제도가 시행되었으나 정신질환자는 수혜대상에서 제외된 관계로 가족의 정신질환자 보호부담으로 인한 문제가 제기됨. 이는 정신질환자가 무상치료를 받으려면 일반적인 의료보호수급권을 통해서가 아니라 생활보호법에 의거한 행려자이거나 경찰관 직무집행법에 의거한 범죄자인 경우에만 가능하였기 때문임 −이로 인해 서민가정에서는 환자들을 고의로 유기하여 행려환자로 만들어 거리를 방황하게 하고, 심지어는 병세가 더욱 악화되어 어떤 사고를 저지름으로써 경찰에 입건되기를 기대하게 되는 모순된 경우에까지 이르게 됨	김문곤(1979)
1978	부산한병원(정신과전문병원)−정신보건사회복지사(안영실) 근무	김기태 외(2001) 한국정신보건사회사업학회 편(2000)
	전국사회복지시설실태조사(아산사회복지사업재단, 1978) −정신장애자를 수용하는 사회복지법인은 총 45개 시설이 정부 인가시설로 나타났으며 이들 중 정신박약아특수학교가 14개교, 정신박약자수용시설이 15개소, 정신장애자 혹은 타 장애자와 복합수용시설: 16개소로 나타남 −이들 시설은 서울경기지역, 경남북지방에 편중되어 있으며 과반수가 사회복지법인의 형태를 띠고 있다. 시설 대부분이 노후했거나 협소한 상황이며 정신질환자수용시설은 전문의나 정규간호원이 배치되어 있는 곳이 전무함	민병근(1979)

1978	-특히 시설운영자들이 수용보호에 대한 전문성과 책임성에 관심을 갖지 않고, 그들이 소유하고 있는 시설·재산을 유지하기 위한 방편으로 정신질환자를 수용하고 있다는 인상을 주는 사회복지시설이 많았음. 실제로 정신질환자시설은 자체재원이 불과 8.7%. 대다수가 정부에서 보조하는 최소한의 생계비보조에 의존하고 있는 현실임 -또한, 정신질환자에 대한 정확한 전문적 진단 분류가 안 된 상태에서 수용만 되고 있으며, 치료작업이 무시된 채 수용되어 있고, 시설의 절대수가 부족하여 연령·정도의 구분 없이 수용되어 있는 상황임. 이는 결국 근거법령이 부재하여 생기는 문제라 할 수 있음	민병근(1979)
	서울지역 지역주민을 대상으로 신체 및 정신장애의 역학 연구 실시	이동모(1981)
1979	이화여대 부속병원, 전주예수병원, 부산 메리놀병원에서 정신보건사회복지사가 근무	김기태 외(2001)
	정신장애인에 대한 사회복지대책 -서울의 국·공립 정신병원 외에 사회복지법인에서 운영하고 있는 22개 시설에 4천 명 정도가 격리·수용, 국가의 지원을 받고 있음. 이는 당장 치료를 받아야 할 숫자의 0.1%에 불과 -시설수용자 1인당 지원금액은 매월 16,787원꼴에 불과하여 치료는 고사하고 생활을 유지하는 데도 미흡함	김문곤(1979)
	정신보건사회복지사의 인력 부족 -해외선진국은 인구 100만 명당 정신의학 사회복지사가 미국(2~40명), 영국(20명), 캐나다·핀란드·스위스(5~9명), 일본(2~4명)에 비해 한국은 전체 종사자가 20명 정도로 100만 명당 0.4~0.6명 정도에 그치고 있음. -정신보건시설에 종사하는 사회복지사와 의료사회사업가를 모두 합치더라도 100만 명당 2.2명에 불과	아산사회복지 사업재단(1981)
정신보건서비스 형성기(1980~1996)		
1980s	부랑인시설 수용자의 인권문제가 제기됨에 따라 제도적 변화가 일어남. 국가 차원의 대책이 최초로 수립되었으며, 이에 따라 성인불구시설에 포함되어 있던 시설 또는 무허가시설 양성화를 추진하는 정신요양시설 제도화정책이 시행되었음	이용표 외(2006)
	80년대 초에 발표된 수용자 특성 분류자료에 따르면 부랑아시설의 수용인원의 1/4이 정신장애인인 것으로 나타남	
	이 시기는 정신장애인 수용의 핵심시설과 주체가 정신요양시설에서 정신병원으로 바뀌는 시기로서, 특히 80년대부터 정신보건법 제정 이전 시기는 정신장애인 수용이 극적으로 강화되는 시기임	
	1980년대 후반: 정신요양시설에 정신과전문의를 촉탁의로 배치 1980년대 말: 정신요양시설에 공중보건의를 배치하고 순회진료	이영호 외(2006)

	청량리뇌병원, 사랑밭재활원, 복음병원, 서울대병원 정신과에서 사회복지사 고용	안향림 · 박정은(2001)
1980	전국성인병실태조사 −정신장애의 유병률이 1.03%(남자 0.87%, 여자 1.19%)로 나타남	문옥륜 외(1982) 한국정신건강복지연구소 편(1994)
1980	심신장애자 실태조사 −정신병에 해당하는 대상자는 163명으로 총 심신장애자에 비하면 4.92%에 해당하며, 표본인구 천 명당 출현율은 1.19(인구 천 명당 조정 출현율은 1.16)로 전국심신장애자 중 정신병자의 전국추정수는 44,000명 정도	한국보건개발연구원(1980) 이동모(1981)
1980	부산아동병원에서 정신보건사회복지사업이 시작	안향림 · 박정은(2001)
1981	서울시 신체 및 정신장애자에 대한 역학적 연구 −정신장애인을 개별 범주로 조사하지 않음. 간질 · 정신지체를 위주로 조사 진행	이동모(1981)
1981	한림대 부속 신림종합복지관에서 정신보건사회복지사업이 시작	안향림 · 박정은(2001)
1981	심신장애자복지법 제정	보건사회부(1984)
1982	정신요양원 공식화	김기태 외(2001)
1982	인제대 부속 부산백병원에서 정신보건사회복지사를 채용	이용표 외(2006)
1983	서울 적십자병원, 연세의대 부속 영동병원, 목포 성골롬반병원, 마산 고려병원에서 정신보건사회복지사를 채용	김기태 외(2001) 안향림 · 박정은(2001)
1983	정신과를 신경과와 분리하여 독립적인 전문과목으로 분류하기 시작한 이후로 정신과전문의가 급격히 증가하였으며, 정신장애인의 병원 수용도 급격히 강화됨	이용표 외(2006)
1983	KBS 추적 60분에서 '기도원 사건'이 보도 −미인가시설의 정신질환자 인권침해사례가 보도되어 정신병상 확충정책(1984)이 등장하는 계기가 됨	김기태 외(2001)
1984	군산개정병원에서 정신보건사회복지사 채용(정신보건사회사업 시행)	보건사회부(1984)
1984	정신질환관리 종합대책 발표 −정부 차원에서 처음 시도된 국가 정신보건전략으로서 정신질환관리 체계 확립을 계획하였으며 무허가시설 양성화를 시작한 것에 의의가 있음	이영호 외(2006) 김규수(2005)

1984	−관리체계는 ① 1차기관(정신과의원, 보건소·보건지소, 상담소)에서 정신질환자의 발견, 진료, 상담을 담당하고, ② 2차기관(정신병원, 일반병원 정신과, 정신요양시설)에서 진료, 재활, 훈련을 전담함 −국가 정신보건전략의 주요내용은 ① 비인가시설을 대형시설 위주로 양성화, ② 촉탁의 제도를 도입해 최소한 치료를 제공, ③ 시설종사자의 인건비·입소자 생계비 지급, ④ 최소한의 시설 및 인력기준을 갖추도록 정부의 지도감독, ⑤ 권역별 국공립 정신병원 건립, ⑥ OECD 차관 등 외부재원을 통한 민간정신병원 설립 등이 있음	이영호 외(2006) 김규수(2005)
	[정신보건법안] 보건사회부가 다시 법안을 성안하여 국회 제출 −독재정권 하에서 인권문제가 제기되어 폐기되었고, 1980년대 후반부터 1990년대 중반까지 시행된 정신병상 확대정책은 기본법의 토대 없이 의료급여제도 및 시설보호제도(정신요양시설/부랑인시설 등 시설운영)의 정비를 통한 재정적 지원정책을 통해 진행됨 −강제입원에 대한 법적 절차가 없었음	서동우(2010)
1985	정신요양시설 운영지원(47개소) −정신보건사업안내의 사업연혁에서 정신요양시설 운영지원사업이 처음으로 제시된 시점이 1985년도로 나타남. 정신보건사업지침의 연혁에서는 매 연도별 운영지원사업 실적을 제시하고 있음	보건복지부(2012)
	강화지역 지역사회 정신보건 시범사업	이윤로(2005)
	−연세대학교 세브란스병원에 의해 지역사회 전체를 사업의 단위로 생각하는 정신보건사업이 시범적으로 강화도에서 수행되었음. 여기서 정신의료사회복지사(이기연)의 기능은 기존의 병원에서의 기능과 완전히 다르게 주어졌는데, 시범사업에 참여한 정신보건사회복지사는 정신질환자 요양소와 지역사회와의 연계를 주 업무로 하였음. 이 사업의 보고서는 1988년도에 발표되었음	양옥경(2006)
1985	정신질환 역학조사 −연세대 의대 정신과 및 예방의학교실과 미 일리노이대학이 공동으로 실시한 국내 최초의 정신질환역학조사로서, 강화도 주민 10만 명 중 보건사업의 주대상인 내가면과 선원면 주민 중 성인남녀 1천 명을 대상으로 이루어졌다. 조사는 대상 주민을 대상으로 미국립 정신보건연구소에서 개발한 진단적 면담스케쥴(DIS)에 따른 면담을 통해 이루어졌음	매일경제(1985)
1986	만성질환 역학조사	김정순 외(1989)
	태화 샘솟는 집 개원 −병원거점이 아닌 지역사회거점의 재활프로그램이 시작됨	이영호 외(2006)
	병원에서 정신의료사회복지사(김정진)가 책임자로 채용됨	양옥경(2006)

1986	정신보건법(1985년 정부안) 저지 공동대책위원회 결성 −대한신경정신의학회를 비롯한 18개 재야단체를 중심으로 결성(8.23)됨. 동년 9월 정신보건법 저지를 위한 공청회를 개최하여 ① 정신보건법의 악용소지 및 인권문제, ② 요양소의 양성화 반대, ③ 예산의 비책정 문제 등을 주요 이슈로 삼고 토론함. 특히 '정치적으로 악용될 경우 일반인들의 인권마저 유린될 소지·우려'가 있어 법안이 통과되지 못하였음	양옥경(2006)
1987	형제복지원 사건 −부랑인시설 수용자 증가추세 반전의 계기가 되었음	이용표 외(2006)
	OECD 차관을 통해 지역별 공공 정신병원 건립자금 지원	양옥경(2006)
	장애인등록 시범사업이 시작되었음	보건사회부(1988)
1988	[정신보건법안] 김이영을 중심으로 마련된 '1988 정신의학회안'을 바탕으로 정부는 '1988 보건사회부안'을 성안하였음	서동우(2010)
	강화지역 정신보건센터 시범사업 −연세대 정신과학교실이 예방의학교실과 연계하여 강화지역에서 정신보건센터를 2년간 운영하였음	김규수(2005)
1989	정신질환의 이환상태와 관리방안에 대한 조사연구(보건사회부) −최초의 정신질환자 치료유병률 조사로서, 이 연구의 보고서가 나오기 전까지는 우리나라 정신질환자의 수를 인구의 약 1%로 추정하여 사용함. 연구 대상자는 의료보호적용자를 제외하고 국민건강보험적용자만을 대상으로 하였으며, 연구결과 유병률은 2.16%로 보고됨	한국정신건강복지연구소 편(1994) 보건복지가족부(2009a)
	장애인복지법(심신장애자복지법 전면개정) 제정	보건사회부(1990)
1990s	1995년 정신보건법이 제정되었으나 법의 내용이 정신장애인의 복지대책보다는 의료대책에 치우침으로써 정신병원의 수용 강화를 제도적으로 조장하게 됨. 즉, 새로운 정신보건체계는 장애인의 수용구제를 제도화하고 가속하는 근거가 된 것임	이용표 외(2006)
1990	장애인고용 촉진 등에 관한 법률 제정	보건사회부(1991)
1991	정신보건업무가 보건국 질병관리과로 이관 −그동안 보건복지부의 의정국 병원행정과에서 정신질환 및 정신보건문제를 단순 관리 위주로 담당해오다가, 1990년대 초에 보건국 질병관리과에서 질병관리 차원에서 성인병 및 기타 만성질환 등을 함께 다루는 질병관리과 업무 중의 하나로 담당하게 되었고, 정신질환이 질병관리의 차원에서 다루어지기 시작함. 하지만 당시 전담 직원은 2~3명에 불과한 실정임	보건복지부(1994)

1991	-이에 정신보건정책의 방향변화가 일어났는데, 정신질환 진료시설의 확충 및 정신질환 관리체계 확립이라는 목표 하에 정신보건법 제정, 지역사회 정신보건사업 등에도 관심을 기울임. 하지만 이상의 정책은 충분히 실현되지 못한 채 실질적으로는 병상증설정책에 그치고 말았음	보건복지부(1994)
	용인정신병원에서 직업재활을 통한 지역사회정착프로그램을 시작	김규수(2005)
	법무부가 정신보건법안 제정에 개입 -대구 카바레 방화사건, 서울 여의도광장 자동차 질주사건 이후 사회방위(범죄예방대책) 차원에서 법무부가 정신보건법 제정에 개입함	양옥경(2006)
1992	정신보건법안 국회 제출(정부안)	보건복지부(2012)
1993	정신질환자 치료유병률 제2차 조사	보건복지부(2012)
	하늘타리 프로그램(정신건강복지연구소)-사회복지사 중심의 심리사회센터모형	김규수(2005)
	정신보건사회사업학회 창립(2월 13일, 초대회장 김규수)	한국정신보건사회사업학회 편(2000)
1994	지역사회 정신보건사업 연구용역 -이들 연구용역은 보건국 질병관리과 주도하에 시작된 정신보건 연구로서 향후 입법될 정신보건법에 대비한 정책의 일환으로 시작됨 -정신보건의 현황과 정책과제 -정신요양원 수용자의 사회복귀 및 거주시설 운영(아주의대 정신과학교실)	남정자 외(2004) 보건복지가족부(2009a)
	정신질환자 재분류 및 정신의료시설 기준 개발 연구(아주대 정신과학교실) -전체 정신의료시설 입원/입소 환자의 약 54.8%가 재원 부적절군으로 입원이 아닌 지역사회 중심의 치료가 필요	김규수(2005)
	지역사회 정신보건 사업체계 개발 및 정신보건의 현황과 정책개발(서울대 의료관리학교실) -전체 인구 약 2.75%인 120만 명이 정신질환에 이환되어 있으며 이 중 약 9만 명이 집중적인 국가관리가 필요한 환자군으로 추산됨	김규수(2005)
1994	도시 재가환자를 위한 지역정신보건 시범사업 연구(아주의대 정신과학교실) -서대문구 내에 거주하는 정신장애인에 대한 지역사회적인 포괄적 치료를 제공하고자 하였음. 퇴원환자 및 지역 내 거주하면서 치료를 제대로 받지 못하는 환자들에 대한 의료체계를 형성하고, 주간보호, 가정방문, 추후관리, 직업재활 서비스를 제공함	김규수(2005)

연도	내용	출처
1994	농촌 재가환자를 위한 지역정신보건 시범사업 연구(서울대 정신과학교실) –연천군 지역사회 시범사업으로 연천의료원과 보건소를 사업의 중심지로 활용하였고, 도시지역 시범사업과 동일하나 기존의 보건소 체계를 이용하였음	김규수(2005)
	정신보건과 사회사업 창간(10월 15일)	한국정신보건사회사업학회 편(2000)
1995	정신보건법 제정 –의원입법을 통해 보건복지위원회 대안을 바탕으로 정신보건법이 제정되었음. 제정된 정신보건법은 예방, 치료, 요양 기능을 분산하여 규정하고 있으며, 견제·균형을 통한 지역사회 정신보건사업을 표방하였음 –정신보건법 제정을 통해 정신질환의 강제입원 절차를 마련하고 정신보건 인력과 시설에 대한 기준을 수립하였다는 점에서 의의가 있으나, 지역사회 정신보건 지향은 선언적 수준에 머물렀다는 아쉬움이 있으며, 7년의 정신요양시설 전환유예기간을 두어 입원수용 중심 서비스 체계 개선에 대한 의지의 한계를 확인할 수 있었음	이용표 외(2006) 서동우(2010)
	정신건강의 날 행사 개최 시작	보건복지가족부(2009a)
	한국정신사회재활협회 결성	윤규열·이명자(2009)
	서울시 지역사회 정신보건사업 실시: 강남구 지역사회 정신보건센터 사업 –강남구 보건소와 용인 정신병원이 연계하여 진행한 사업으로서 일원동에 거점 센터를 설치하고 진행하였음. 주요 대상은 수서·일원 지역에 거주하는 영세민 정신장애인으로서 센터 내 낮병원 운영사업과 함께 재가 영세민 정신질환자 가정방문사업을 시행하였음. 본 사업은 영세민 밀집지역을 대상으로 지역사회 정신보건 개념에 입각한 정신보건서비스를 개발하고 제공했다는 의의가 있음	김규수(2005)
1996	경기도 지역사회 정신보건사업 실시(수원시, 양평군)	보건복지부(2012)
정신보건서비스 발전기(1997~2007)		
1997	정신보건법 시행(3월)	이용표 외(2006)
	정신보건법 전면 개정(12월 31일)	김기태 외(2001)
	–정신요양병원제도가 폐지(사회복지법인 정신요양원의 의료법인 전환 반대)되었음 –지역사회 정신보건사업 소요비용을 국가·지자체가 지원할 수 있는 근거를 마련하였고, 전문의 판단이 있을 경우 보호의무자의 퇴원신청 없이도 퇴원이 가능하도록 개정되었음	서동우(2010)
	사회복귀시설 2개소 운영지원 –사회복귀시설 운영지원사업이 시작됨	양옥경(2006)
	정신보건전문요원 제도 도입	보건사회부(1998)

1998	정신보건발전 5개년 계획	김규수(2005)
	모델형 정신보건센터 운영사업 시작 -모델형 정신보건센터는 서울 성동, 서울 성북, 강원 춘천, 울산 남구의 4개 지역에서 시범적으로 실시되었으며, 이는 정신요양시설 감소의 시작이 됨	보건복지가족부(2009a)
1999	정신보건센터 시범사업 -1995년 이후 서울·경기도에서 시작한 공공부문의 지역사회 정신보건사업을 보건복지부가 전국으로 확대하여 시범사업으로 실시함	이용표 외(2006)
	지역사회 정신보건사업 기술지원단 운영	양옥경(2006)
	장애인복지법 개정 -장애인복지법 개정에 따라 정신질환에 의한 정신장애를 법정 장애인 범주에 포함시켜 2000년 1월부터 복지서비스를 제공하고 있음. 장애범주에 정신장애가 반영이 되기 전에는 장애인들에게 제공되는 사회복지서비스가 제공되지 않아 정신장애인의 빈곤 문제가 지적되어 왔음	이영호 외(2006)
2000s	※정신보건에 대한 장기적인 정책개발이나 연구에 전념할 수 있는 기관이 확립되어 있지 못한 실정임. 정신보건에 대한 사회적 관심의 결여와 편견이 여전히 존재함. 정신질환 및 정신장애에 대한 사회적 문제의 심각성을 제대로 깨닫지 못하고 있는 정부 및 정책입안자의 무지와 무관심에서 연유된 결과로 볼 수 있음	이영호 외(2006)
2000	정신보건법 2차 개정(1월 12일) -알코올 및 약물중독 관련 사업을 정신보건사업에 추가하였으며, 특정정신의료기관이 지역사회 정신보건사업을 지원하도록 하는 조항을 폐지하였고, 사회복귀시설의 활동 규정에서 '의료' '전문의 지도' 규정을 삭제하였음. -그 외 자의입원환자의 퇴원중지제도와 시·도지사의 정신의료기관 지정제도를 폐지하였으나, 정부 규제개혁의 일환으로 추진된 개정이라 큰 의미를 둘 수 없음	이용표 외(2006) 서동우(2010)
	알코올상담센터 시범사업 시작(4개소)	양옥경(2006)
2001	정신보건센터가 모델형과 기본형 두 가지로 나뉘어 설립 정신질환 실태를 파악하기 위한 국제기준에 맞춘 전국 규모의 역학조사 실시	양옥경(2006)

2002	정신보건 발전계획(Health Plan 2010) －보건복지부에서 건강증진국을 중심으로 미국의 Health 2010을 모델로 한 건강증진 관련정책의 중장기 계획을 수립 －이에 포함된 정신보건정책과제는 2002년 초반에 정신보건과 자체적으로 작성되었는데, ① 지역사회 정신보건사업 확대, ② 정신요양시설 운영비 현실화 및 환경 개선, ③ 사회복귀시설 확대 설치, ④ 알코올상담센터 확대, ⑤ 정신질환 예방홍보사업 활성화 등의 5개 과제가 포함되어 있음 －정신보건정책의 통합적 접근보다 정신보건과에서 추진하는 개별 예산사업 중심으로 나열하여 중장기적 비전과 목표가 부재하다는 문제점이 있음	김규수(2005)
	아동청소년 정신보건사업 시작(16개소)	양옥경(2006)
2003	정신요양시설 2교대제 도입	양옥경(2006)
	알코올상담센터가 시범사업에서 본 사업으로 전환	보건복지가족부(2009a)
2004	정신보건법 3차 개정(1월 29일) －3차 개정 법안은 대한신경정신의학회 개정안을 상당부분 수용하여 정신의료집단과 의사집단의 이해관계를 과도하게 반영한 문제점이 있음. 개정안에서는 정신보건센터의 기능을 강화하면서 사회복귀시설의 재활훈련기능을 센터와 중복적으로 규정하여 사회복귀시설의 업무영역을 축소하는 결과를 가져옴 －중앙·지방정신보건사업지원단을 설치하도록 하였는데, 이는 99년 이후 확대된 지역사회 정신보건사업·모델의 근거조항과 지원체계를 확충하여 사업을 지원하기 위한 목적에서 이루어진 것임	이용표 외(2006) 서동우(2010)
	아동·청소년 정신보건사업 확대(31개소)	보건복지가족부(2009a)
2005	10년간의 시범사업을 종료하고 정신보건센터 설치 법적 근거가 규정됨	양옥경(2006)
	자살 등 위기상담전화 운영 시작	양옥경(2006)
2006	생명사랑 및 자살예방사업 추진	보건복지가족부(2009a)
	정신질환자 인식개선 및 권익증진 강화	
	지방정신보건사업지원단 구성·운영	
	정신질환실태 역학조사	
정신보건서비스 정착기(2007~현재)		
2007	아동·청소년 정신보건사업, 검진사업 강화 －(16세 청소년 정신건강 검진사업)	보건복지가족부(2009a)
	국가 알코올 종합대책 '파랑새플랜' 2010 추진	
	한울대전사회서비스센터에서 정신장애인 토털케어서비스 시작(8월)	

2008	기본형·모델형 정신보건센터 → 표준형으로 통합, 광역형 신설 마약류중독자 치료보호지원	보건복지가족부(2009a)
2009	문제행동아동 조기개입서비스 실시 －이전의 장애 및 ADHD아동재활심리치료 바우처 사업에서는 뇌병변 등 정신지체, 발달장애, 언어장애 등의 장애를 가진 등록장애아동을 대상으로 시행되었으나, 2009년부터는 의사 및 정신보건사회복지사 등의 전문가에 의해 문제행동 소견을 받는 경우에는 바우처 서비스를 받을 수 있게 되었음 －이러한 변화는 취약계층 대상의 선별적 정신보건서비스가 장애등록이나 진단 없이 보편적 정신보건서비스를 받을 수 있도록 확대되었다고 평가할 수 있음	보건복지가족부(2009b)
2010	정신보건법 5차 개정(추진 중) －현재 추진되고 있는 정신보건법 전면개정안은 기존의 정신질환자 개념에서 기능저하 정신질환자를 분리하여 자격증 취득이나 각종 사회활동 참여로부터의 배제를 최소화함으로써 인권을 신장하기 위한 목적에서 추진되고 있음 －또한 입원환자의 자유제한을 줄여서 인권침해를 최소화하고, 정신보건센터를 정신보건기관으로 정의함으로써 법적 근거를 강화하며, 광역정신보건센터와 알코올상담센터의 법적 근거를 신설하고, 입원절차를 합리적으로 조정하고자 함	서동우(2010)
2012	정신건강증진 시범사업 －정부의 정신보건정책 기조가 정신질환의 치료 및 재활 중심에서 정신건강 증진으로 전환됨 －대상자에 있어서 선별적인 질병모델에서 보편적인 증진모델로 전환됨 －현재 시범사업이 광주광역시 중심으로 진행 예정임	보건복지부(2012)

Abstract

Development of Mental Health Services in Korea:
From the Perspectives of Social Services

Sang Kyoung Kahng

Mental health services are a part of government social services. These include both mental health treatment or rehabilitation services for individuals with psychiatric disabilities and services related to the promotion of mental health for the entire national population. Mental health services are critical to individuals' well-being. Until the legislation of the Mental Health Act in 1995 in Korea, little attention had been paid to the issues of mental health services. Therefore, very little is known about the development of mental health services and much less about the current status of mental health services in Korea.

This study is aimed to develop implications for future directions of mental health services by critically analyzing the problems associated with finance, manpower, management, and provision of mental health services in Korea. Specifically, the current study is aimed to answer the following questions. First, what is the history of mental health services? Second, what are the problems of current mental health services? Third, what are the future directions of the development for mental health services?

Data were collected from the literature and official documents related to the development of mental health services in Korea. In analyzing the characteristics of mental health services in a specific era, two analytical frameworks are employed; (1) The ratio of public and private sector in terms of finance and service provision and (2) the levels of needs to be covered by mental health services.

With regard to the first research question, this study divided the history of mental health services into 4 stages. The first stage is the 'Infancy Stage.' It includes the period from the beginning phases up to 1980, when the modern concept of mental health services was not established yet. Although there were a few services related to mental health in the private sector, no public mental health service sector was developed in terms of finances, manpower, and service providers.

The second stage is the 'Formative Stage.' This stage encompasses the period from 1980 to 1995, prior to the legislation of the Mental Health Act. During this stage, the government enforced the official registration of unauthorized long-term care facilities and developed a minimum level of public administrative management system on mental health services for individuals with mental illnesses. Although finance was provided by the government, services were provided by private service providers. There were no standards for quality of service management enforced on the service providers including personnel and agencies. The primary target of mental health services were individuals with severe mental illnesses.

The third stage is the 'Development Stage,' encompassing the period from 1995 to 2007. This stage is characterized by the era of community mental health services which is based on the legislation of the Mental Health Act. In this stage, mental health service paradigms changed from the medical model to the community based psycho-social rehabilitation model. Community mental health service delivery systems, such as community mental health centers and rehabilitation centers, were developed. Most finance for mental health services came from the public sector but most providers were private service providers. The primary mental health services included treatment and rehabilitation services for individuals with severe mental illnesses. During this period, however, the importance of prevention services was emphasized by mental health professionals.

The fourth stage is the 'Settlement Stage' which includes the period from 2007 up to the present. At this stage, the government not only focuses on treatment and rehabilitation needs of individuals with severe mental illnesses but also emphasizes the need for promoting mental health for the whole population. In addition to traditional mental health services, preventative mental health screening services have been introduced. Although the paradigm of mental health services changed from the Treatment Model to the Promotion Model, most providers are still private clinics and most finances for mental health services come from the public sector.

There are several problems in the current mental health services in Korea. The first problem is the high hospitalization rate. The second problem is long-term hospitalization and human right issues of individuals with mental illnesses due to their long-term hospitalization. The third is, compared to the size of medical mental health services, an insufficient provision of community mental health services. The primary reason for these problems is the limitations associated with financial resources and management of mental health services. Based on the history and the problems of mental health services identified in the study, a few suggestions for future directions for mental health services are discussed.

찾아보기

발간사

'한국학'에 대한 관심과 요구가 국내외에서 높아지고 있다. 한국학을 전공으로 하는 학과도 생겨나고 한국학 연구자들의 국제학술대회도 종종 접하게 된다. 한국사회가 짧은 시기에 보여 준 역동적인 변화에 대한 학문적 관심이 나라 안팎으로 증대된 결과일 것이다. 한국의 역사와 문화, 사회적 경험이 점점 더 많은 연구자들의 관심 대상으로 되고 있다는 사실은 매우 반가운 일이다.

한국학이란 고정된 분과학문 체계 내의 한 부분영역이 아니라 다양한 분과학문들이 함께 참여하는 학제적 연구의 성격을 지닌다. 한국학은 과거의 전통에 깊은 관심을 갖지만 현재의 문제들에도 주목하며 미래의 전망을 모색하는 작업도 포함한다. 인문학적 논의와 사회과학적 관심은 물론이고 자연과학적 문제의식과 예술적 시각이 함께 어우러지는 곳이다. 당연히 한국학은 국내의 연구자들이 자신의 특수성만을 부각시키는 폐쇄적인 장이 아니라 전 세계의 학자들이 자유롭게 참여하는 지적 토론의 공간이다. 한국을 대상으로 한 다양한 연구를 지원하며 진지한 논의와 지적 실험을 뒷받침하는 것이야말로 한국학의 가장 중요한 역할이라 할 것이다.

이런 의미에서 한국학은 한국의 문화와 역사적 경험을 전 인류의 문화유산과 역사적 경험의 한 부분으로 바라보는 전 지구적 시각을 요구받고 있다. 한국학은 한국사회의 경험을 연구하되, 그것을 21세기 세계사적 과제들과 더불어 사고함으로써 새로운 문명적 대안을 모색하는 전 지구적 논의에 적극적으로 동참하는 작업이 되어야 한다. 이런 종합적이고 개방적인 연구의 집적을 통해서만 한국의 특수성만을 절대화하는 오류에서 벗어나면서 동시에 서구의 눈으로 한국을 대상화, 타자화하는 오리엔탈리즘적 지역학의 한계도 극복할 수 있는 길이 열릴 것이다.

한국의 학문 발전에 큰 책임을 지고 있는 서울대학교는 한국학의 바람직한 발전을 위해 적극적인 역할을 하고자 한다. 이를 위해 별도의 연구기금을 마련하여 '한국학 장기기초연구 지원사업'을 추진하고 이 사업의 결과물들을 모아 연구총서, 자료총서, 모노그래프를 출간하기로 했다. 서울대학교 교수진의 연구역량과 진지한 문제의식들이 결집됨으로써 한국학의 연구수준이 더욱 높아지고 내용이 보다 풍부해질 것을 믿고 있다. 이 연구사업이 해를 거듭할수록 한국사회에 대한 이해가 깊어짐은 물론이고 한국의 경험을 통해 세계학계의 시각과 논의도 더욱 풍성해질 것을 기대해 마지않는다.

2003년 8월

서울대학교 규장각한국학연구원 한국학연구사업위원회

강상경

서울대학교 사회복지학과를 졸업하고, 미국의 미시간대학교(University of Michigan, Ann Arbor)에서 사회사업학 석사(MSW), 사회심리학 석사 및 사회사업학·사회심리학을 복수전공하여 박사학위를 취득하였다. 박사 후 연구원 및 미시간대학교의 ISR (Institute of Social Research)에서 research investigator를 역임하고, 워싱턴대학교(Washington University in St. Louis) 사회사업대학원(George Warren Brown School of Social Work)에서 조교수로 재직하였으며, 현재 서울대학교 사회복지학과 부교수로 재직중이다. 미시간대학교 ISR의 겸임교수(Faculty Associate)를 겸직하고 있고, 보건복지부 중앙정신보건사업지원단 위원으로 활동하고 있다. 주요 저서로 『인간행동과 사회환경』(2011), 『정신보건의 이해와 실천 패러다임』(2006, 공저), 『사회복지개론』(2011, 공저 개정판)이 있고, 역서로 『정신재활』(2009, 공역)이 있다. 연구관심사는 중증정신장애 및 정신보건서비스, 정신건강증진 및 관련서비스, 건강 및 정신건강의 전생애 발달과정 및 불평등 등이다. 이러한 주제와 관련하여 국내학술지에 발표한 논문으로는 「중·고령자 우울증 개선 관련 요인에 대한 탐색적 연구」(2012) 외 19편이 있고, 국내 및 국제 학술지에 발표한 영어논문으로는 “Can racial disparity in health between Black and White Americans be attributed to racial disparity in body weight and socioeconomic status?”(2010) 외 다수가 있다.

서울대학교 규장각한국학연구원 한국학모노그래프

01 예빈도에 보인 고구려 : 당 이현묘 예빈도의 조우관을 쓴 사절에 대하여 | 노태돈
02 현대 한국유교와 전통 | 금장태
03 살인의 진화심리학 : 조선 후기의 가족 살해와 배우자 살해 | 최재천·한영우·김호·황희선·홍승효·장대익
04 무협소설의 문화적 의미 | 전형준
05 정조시대의 무예 | 나영일
06 벼락도끼와 돌도끼 : 고고자료에 대한 전통적 인식 연구 | 이선복
07 한국 옛 경관 속의 생태지혜 | 이도원
08 식민권력과 통계 : 조선총독부의 통계체계와 센서스 | 박명규·서호철
09 한국의 천연염료 : 전통염료와 천연염색기술 | 김재필·이정진
10 북한의 의학교육 | 박재형·김옥주·황상익
11 국문 글쓰기의 재탄생 | 권영민
12 사할린 귀환자 | 이순형
13 조선시대의 간척지 개발 : 국토 확장과정과 이용의 문제 | 박영한·오상학
14 3칸×3칸 : 한국 건축의 유형학적 접근 | 전봉희·이강민
15 위성영상을 이용한 북한지역의 해안습지연구 : 평안남도를 사례로 | 유근배
16 한국 구비문학에 수용된 재담 연구 | 서대석
17 한국 자본자유화와 금융자유화의 근년변화 : OECD 가입 및 IMF 사태 이후의 실상, 평가 및 대응 | 이천표
18 구어 한국어의 의향법 실현방법 | 권재일
19 조선시대 복식에 나타난 적색계 색명의 의미 | 남윤자·김순영·박성실
20 우리나라 인체기생충 및 의용절지동물의 동물상과 개요 | 채종일
21 경제개방이 우리나라 노동시장에 미친 효과 | 김대일
22 한국 고소설에 나타난 오이디푸스 콤플렉스 : 〈심청전〉·〈콩쥐팥쥐전〉 | 류인균
23 남북한 경제의 이질성: 경제통합에 관한 함의 | 이지순
24 한국에서 마르크스주의 경제학의 도입과 전개과정 | 김수행
25 한국 장수인의 개체적 특성과 사회환경적 요인 : 호남지방 장수벨트를 중심으로 | 박상철·이미숙·이정재·한경혜

서울대학교 규장각한국학연구원 한국학연구총서

13 한국 근대의 사회복지 | 안상훈·조성은·길현종
14 한국어 체언의 음변화 연구 | 이상억
15 조선 중기 무예서 연구 | 나영일·노영구·양정호·최복규
16 1950년대 사회주의 건설기의 북한 보건의료 | 황상익
17 후발 산업화와 국가의 동학: 탈관료화와 강성국가의 공동화 | 하용출
18 조선 후기의 기술도: 서양 과학의 도입과 미술의 변화 | 정형민·김영식
19 韓國 中世 土地制度史: 朝鮮前期 | 이경식
20 남북 언어의 문법 표준화 | 권재일
21 50권본 『화엄경』 연구 | 이승재
22 한·중 소화의 비교 | 서대석
23 고려전기의 전시과 | 이경식
24 개항기 전후 경상도의 육상교통 | 허우긍·도도로키 히로시
25 한국어의 주제와 통사 분석: 주제 개념의 새로운 전개 | 임홍빈
26 한국적 패션 디자인의 제다움 찾기: 전통미와 현대적 활용을 중심으로 | 김민자
27 한국 근대문학교육사 연구 | 우한용
28 『조선왕조실록』의 여진족 족명과 인명 | 김주원
29 중앙아시아 고려말의 문법 | 권재일
30 삼국통일전쟁사 | 노태돈
31 한국의 사회운동과 진보정당 | 임현진
32 한국 행락문화의 변천과정 | 황기원
33 노래의 상상계 | 신범순
34 한국의 언어 민속지: 전라남북도 편 | 왕한석
35 주시경의 언어이론과 표기법 | 송철의
36 일제강점기의 철도 수송 | 허우긍
37 인권으로 읽는 동아시아: 한국과 일본의 인권 개선조건 | 정진성·공석기·구정우
38 정조와 정조시대 | 김인걸 외
39 문화의 정치와 지역사회의 권력구조: 안동과 안동김씨 | 김광억

서울대학교 규장각한국학연구원 한국학자료총서

1 古代國語 語彙標記 漢字의 字別 用例 研究 | 송기중

2 한국철학자료집 : 불교편 1 – 삼국과 통일신라의 불교사상 | 허남진 외 편역

3 한국철학자료집 : 불교편 2 – 고려시대의 불교사상 | 심재룡 외 편역

5 서울대학교 중앙도서관 고문헌자료실 소장 『경제문고』 해제집 | 권태억 외

6 한글본 이언 연구 | 민현식

7상 원문 교주 구운몽 | 원작 김만중, 교주 김병국

7하 현대역 구운몽 | 원작 김만중, 옮김 김병국

8 해방 이후 한국기업의 진화 I : 1976~2005년간의 통계의 구축과 기초분석 | 이근 외

9 해방 이후 한국기업의 진화 II : 1956~1977년간의 통계의 구축과 기초분석 | 이근 외

10 서울대학교박물관소장 식민지시기 유리건판 | 이문웅·강정원·신일 편

11 풍자 우화 그리고 계몽담론 | 권영민

12 한국근현대문학의 프랑스문학수용 | 이건우 외

13 한국 근대도면의 원점: 서울대학교 규장각한국학연구원 소장 근대 측량도와 건축도 1861~1910 | 선봉희·이규철·서영희

14–1 유원총보역주 1 | 허성도·김창환·강성위 역주

14–2 유원총보역주 2 | 허성도·김창환·강성위 역주

15 식민권력과 근대지식: 경성제국대학 연구 | 정근식·정진성·박명규·정준영·조정우·김미정